LA LAGUNA 6

Die ehemalige Inselhauptstadt atmet den Geist verflossener Epochen. Doch die hippen Bars sind ganz Gegenwart.

📷 *Tipp: Nachmittags versinkt die Altstadt in Schatten. Die besten Fotos schießt du im Licht des Vormittags.*

➤ S. 77, Der Nordosten

MONTAÑAS DE ANAGA 7

Wenn sich Wolkenfetzen im immergrünen Lorbeerwald von Anaga verfangen, fühlst du dich in eine Märchenwelt hineinversetzt.

➤ S. 84, Der Nordosten

CUMBRE DORSAL 8

Cruisen über den Wolken: Von La Laguna führt eine Traumstraße über den Inselrücken – Wahnsinnsausblicke nach allen Seiten.

📷 *Tipp: Vormittags kriechen Passatwolken vom Inselosten über den Kamm – ein tolles Schauspiel!*

➤ S. 80, Der Nordosten

SANTA CRUZ DE TENERIFE 9

Gelungenes Facelifting: In der Hauptstadt schufen Stararchitekten spannende Hingucker: vom Palmengarten auf einer ehemaligen Müllkippe bis zum Kunstzentrum TEA.

➤ S. 70, Der Nordosten

WANDERN IM NATIONAL-PARK 10

Felsfestungen, Steinskulpturen, Riesenkrater: Im Parque Nacional del Teide erlebst du Erdgeschichte.

📷 *Tipp: In über 2000 m Höhe ist die Luft klar und rein – hier schießt du stechend scharfe Fotos!*

➤ S. 65, Der Nordwesten mit Teide-Nationalpark

INHALT

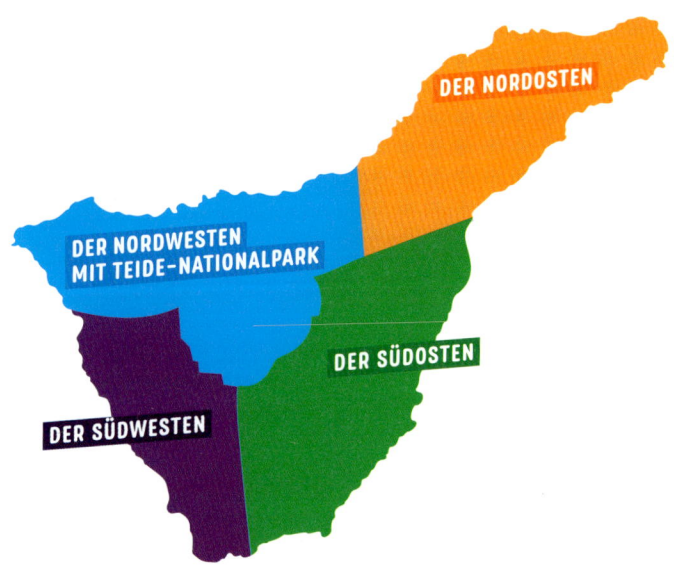

TEN ERI FFA

INSIDER-TIPP
Deine Abkürzung
ins Erleben!

Reisen mit MARCO POLO
Insider-Tipps

MARCO POLO TOP-HIGHLIGHTS

BARRANCO DEL INFIERNO ⭐ 1

Höllenschlucht? Vielleicht am Anfang … eher ein paradiesisch grüner Ort mit Wasserfall.

➤ S. 114, Der Südwesten

GARACHICO ⭐ 2

Klein, kuschelig, kolonial – so präsentiert sich der Bilderbuchort. Für Kontrast sorgt der Atlantik, der Megawellen an die Küste wirft.
📷 *Tipp: Die Küste macht sich am besten im weichen Licht des Sonnenuntergangs!*

➤ S. 57, Der Nordwesten mit Teide-Nationalpark

MASCA ⭐ 3

Die Häuser des uralten Dorfs klammern sich in der schroffen Felsarena des Teno-Gebirges aneinander.

➤ S. 61, Der Nordwesten mit Teide-Nationalpark

CASAS DE LOS BALCONES ⭐ 4

Hier waren Teneriffas Fürsten und Grafen einst unter sich: Bis heute spürt man's im historischen Herzen von La Orotava.

➤ S. 53, Der Nordwesten mit Teide-Nationalpark

LORO PARQUE ⭐ 5

Papageien, Pinguine, Seelöwen und Wale – perfekt inszeniert in ihrer jeweiligen (Kunst-)Landschaft.
📷 *Tipp: Zwar bist du in der 1. Reihe den Orcas ganz nah, dafür wirst du (samt deiner Kamera) pitschnass!*

➤ S. 46, Der Nordwesten mit Teide-Nationalpark

INHALT

🕐   Besuch planen   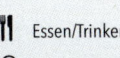 Essen/Trinken

€ - €€€ Preiskategorien   🛍 Shoppen

(*)   Kostenpflichtige Telefonnummer   🍸 Ausgehen

 Top-Strände

(📖 A2) Herausnehmbare Faltkarte
(0) Außerhalb des Faltkartenausschnitts

**BESSER PLANEN
MEHR ERLEBEN!**

**Digitale Extras
go.marcopolo.de/app/ten**

DAS BESTE ZUERST

Blick auf den von Passatwolken eingehüllten Pico del Teide

BEST OF

BEI REGEN

SCHÖN, AUCH WENN ES REGNET

IN DER HÖHLE DES WINDES

Hoch über Icod de los Vinos fräst sich einer der längsten Lavatunnel der Welt tief in den Gebirgsstock. Ein besonders spektakuläres Stück der *Cueva del Viento* kannst du begehen: Hier siehst du, wie einst die Lava floss …
➤ S. 56, Der Nordwesten

SICH IM UNIVERSUM VERLIEREN

Tauch ein in kosmische Geheimnisse: Milchstraße, Supernova und schwarze Löcher werden greifbar im *Museo de la Ciencia y el Cosmos* in La Laguna.
➤ S. 78, Der Nordosten

INSELGESCHICHTE(N)

Im *Museo de la Naturaleza y el Hombre* (Foto) verfliegen die Stunden: Hier erfährst du, wie Teneriffa infolge gewaltiger Vulkanausbrüche aus dem Atlantikboden emporwuchs und von Pflanzen und Tieren, dann von Ureinwohnern besiedelt wurde.
➤ S. 73, Der Nordosten

IM EINKAUFSTEMPEL

Schlendern, schauen und shoppen auf sieben Etagen: Du findest Mode sortiert nach Top-Marken, dazu Kosmetik, Parfümerie und Schmuck. Auch die kulinarische Abteilung kann sich im *El Corte Inglés* in Santa Cruz sehen lassen. Und in Costa Adeje im Inselsüden lockt die *Siam Mall* mit Markenläden und schickem Styling.
➤ S. 74, Der Nordosten
➤ S. 110, Der Südwesten

PYRAMIDE MIT INNENLEBEN

Kolonnaden, Tempel und mittendrin die *Pirámide de Arona* – im Herzen von Playa de las Américas im Süden ist alles auf Antik getrimmt. Bei der allabendlichen Show in der Pyramide erwarten dich aber keine Gladiatoren, sondern leidenschaftliche Flamencotänzer. Angesagt sind Pomp, Prunk und Passion.
➤ S. 113, Der Südwesten

BEST OF

LOW-BUDGET

FÜR DEN KLEINEN GELDBEUTEL

HOCH ÜBER DER STADT
Vorbei an Wasserfällen geht's zum *Parque Taoro* (Foto) hinauf: Während „Risco Bello", der obere Teil, kostenpflichtig ist, genießt du die subtropisch bepflanzte Hochebene umsonst.
➤ S. 45, Der Nordwesten

BADEN MIT BRANDUNG
Während Gischtfahnen hochspritzen, drehst du in den *Naturschwimmbädern von Bajamar* seelenruhig deine Runden – komplett gratis.
➤ S. 83, Der Nordosten

LEHRSTUNDE IN VULKANISMUS
Im Besucherzentrum *El Portillo* erlebst du Teneriffas Entstehung: Der Vulkantunnel bebt, rote Lava wälzt sich herab und ein Rumpeln erfüllt den Raum. Ein botanischer Steingarten mit einheimischer Alpinflora rundet den Besuch ab.
➤ S. 64, Der Nordwesten

SCHWELGEN IN SCHIFFEN
In der *Casa Museo de Pescador* spazierst du zwischen hunderten von Modellen: von klein bis riesengroß.
➤ S. 44, Der Nordwesten

KUNST UND MEDITATION
Ein tolles Herrenhaus und eine Sammlung von Gemälden, die dich in Stille und Schönheit entführen werden: die *Fundación Cristino de Vera* in La Laguna!
➤ S. 78, Der Nordosten

KASTELL UNTERIRDISCH
Ein Hingucker in der Hauptstadt Santa Cruz ist die zentrale Plaza de España mit ihrem See und der Wasserfontäne. Aber wirf mal einen Blick in die untere Etage! Dort stehen sie noch: die Reste der Festung *Castillo de San Cristóbal* mit meterdicken Mauern und auf Hochglanz polierten Kanonen.
➤ S. 72, Der Nordosten

BEST OF

MIT KINDERN

SPANNENDES FÜR GROSS & KLEIN

POOLS ÜBER POOLS

Lago Martiánez – das ist die weitläufige, in vielen Rundungen angelegte Poollandschaft von Puerto de la Cruz – mit Wasserfällen, Fontänen und begehbarer Grottenlandschaft. Palmen spenden ersehnten Schatten und Palisadenzäune halten den städtischen Trubel fern.

➤ S. 46, Der Nordwesten

VON KLEIN BIS MONUMENTAL

Der Eintritt in den *Loro Parque* (Foto) ist happig, doch die Sprösslinge sind glücklich: Tiere ohne Ende, vom Pippi-Langstrumpf-Affen über Gorillas und Erdmännchen bis hin zu Flamingos, außerdem Delphin-, Papageien-, Seelöwen- und Orca-Shows, und ein Aquarium voll tropischer Fische. Schon die Anfahrt ist ein Erlebnis: mit der kostenlosen Bimmelbahn quer durch die Stadt von der Plaza Reyes Católicos.

➤ S. 46, Der Nordwesten

DURCHS HAIFISCHBECKEN

Im *Siam Park* sorgen Wasserrutschen für Kicks, z. B. die Sause durchs Hai-Aquarium. Dazu ein Lazy River und surftaugliche Wellen, ein aus Portugal importierter blühend weißer Strand und vor sich hin dösende Piranhas, Seehunde und Krokodile.

➤ S. 110, Der Südwesten

IM KLETTERGARTEN

Tarzan spielen im *Forestal Park:* auf Seilrutschen mit einer Länge bis zu 200 m. Doch keine Angst – die Sicherheit geht natürlich immer vor!

➤ S. 33, Sport

DROMEDARRITT

Einen Kamelführerschein wolltest du doch sicher schon immer mal machen! Im *Camello Center* bekommst du ihn, wenn du in ein Beduinenkostüm schlüpfst und dich zu einer Schaukeltour überreden lässt.

➤ S. 60, Der Nordwesten

BEST OF ⚑

TYPISCH

DAS ERLEBST DU NUR HIER

EIN DRACHE?

Wie er wohl zu seinem Namen kam? Fest steht: Der Baum mit der üppigen Krone ist eine imposante Erscheinung und eines der Wahrzeichen Teneriffas. Obwohl eigentlich ein Liliengewächs, kann er bis zu 1000 Jahre alt werden. Der schönste *Drachenbaum* (*Drago*) steht in Icod de los Vinos.

➤ S. 55, Der Nordwesten

ESSEN WIE DIE UREINWOHNER

Ob's dir schmecken wird? Getreide, geröstet und fein gemahlen: Das ist *gofio,* das Grundnahrungsmittel der Guanchen. Lange Zeit als Arme-Leute-Essen verpönt, ist es nun beliebte Zutat der neuen kanarischen Küche, Sogar Gofio-Mousse kannst du bestellen, z. B. im Restaurant *El Gomero.*

➤ S. 108, Der Südwesten

BLICK INS ALL

Sieht futuristisch aus und ist es auch: Das *Observatorio del Teide* (Foto) ist eine ultramoderne Sternwarte, und Teneriffas klarer blauer Himmel lässt beste Ausblicke ins Universum zu.

➤ S. 65, Der Nordwesten

MELKENDE KIEFERN

Mit ihren extrem langen Nadeln „melkt" die Kanarische Kiefer Feuchtigkeit aus den Wolken; die dicke Rinde schützt sie sogar vor Feuersbrünsten. Sie wächst im Wald unterhalb der Cañadas, ein herausragendes Exemplar ist der *Pino Gordo.*

➤ S. 97, Der Südosten

MONUMENTALE PYRAMIDEN

Nicht nur die alten Ägypter bauten Pyramiden, auch die Tinerfeños haben's versucht – in *Güimar.* Die Fundstätte gilt als Indiz dafür, dass die Kanaren lange vor Kolumbus ein Bindeglied zwischen der Alten und der Neuen Welt waren. Doch die These ist umstritten …

➤ S. 92, Der Südosten

SO TICKT TENERIFFA

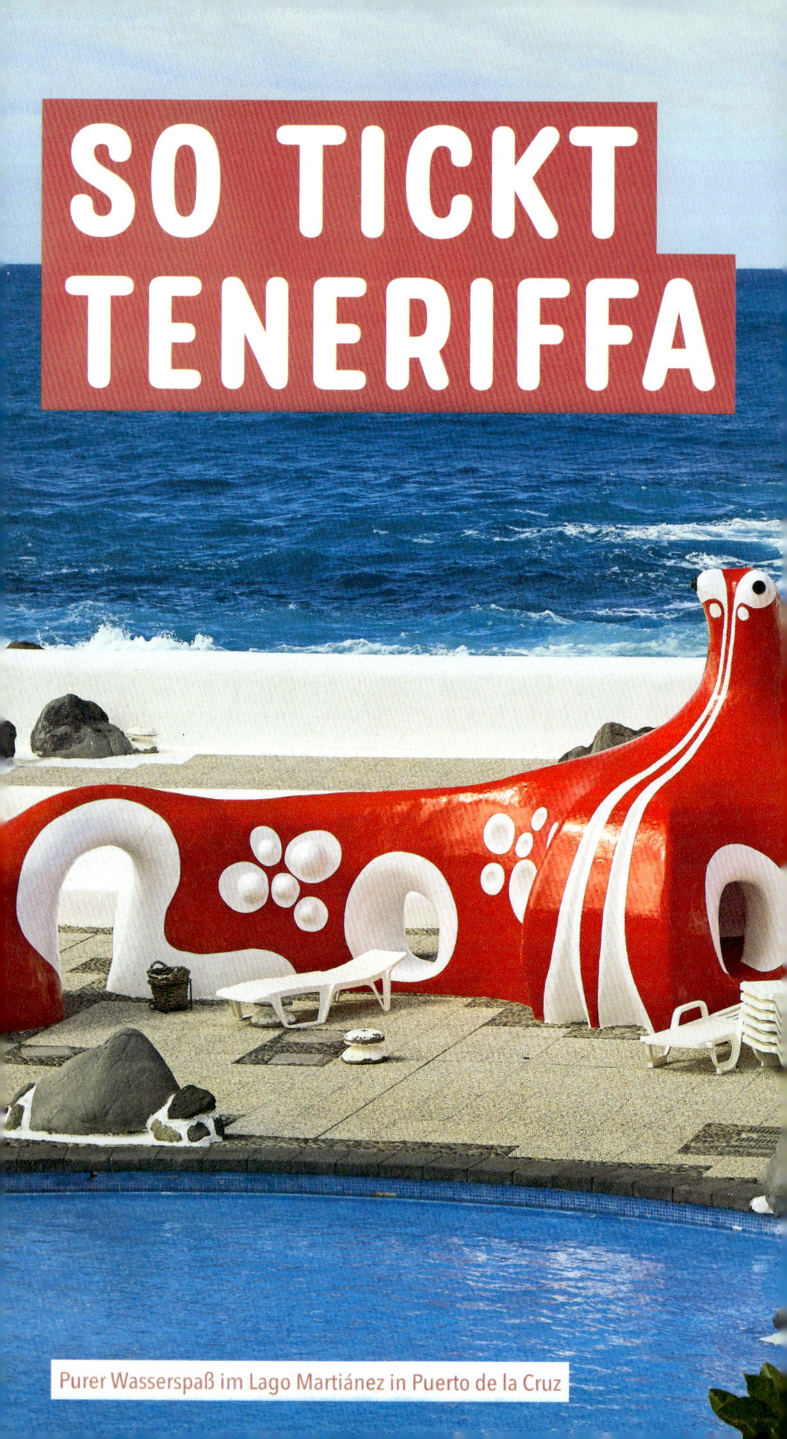

ENTDECKE TENERIFFA

Die Konzerthalle ist ein Hingucker: das Auditorio de Tenerife in Santa Cruz

Nein, von seiner Faszination hat er nichts eingebüßt. Flugzeuge umkreisen ihn in respektvollem Abstand, bevor sie zur Landung auf Teneriffa ansetzen. Schon aus großer Entfernung weist er den Weg zu der Insel, deren Wahrzeichen er ist. Oft trennt ihn eine dichte Wolkendecke von der Welt darunter. Dort oben herrscht er über eine lebensfeindliche Mondlandschaft – der *König der Vulkane*, der Pico del Teide. Immer hat er die Menschen beeindruckt, ja geängstigt. Noch 1909 gab es an seinem Nordhang einen Ausbruch.

ZORN GOTTES
Schon durch die Legenden des Altertums geisterte eine Insel mit dem Namen *Nivaria*, die „Verschneite", deren weiße Spitze Seefahrer von Weitem sahen,

5. Jh. v. Chr.
Besiedlung durch Berber aus Nordafrika

1496
Alonso Fernández de Lugo erobert Teneriffa als letzte Insel des Archipels

16. Jh.
Die Kanaren werden Spaniens erste Kolonie

1706
Ein Vulkanausbruch zerstört große Teile Garachicos

1852
Die Kanaren erhalten den Status einer Freihandelszone, der britische Einfluss wächst

Ende 19. Jh.
Wirtschaftlicher Aufschwung dank Anbau/Export v. Bananen

ohne die Insel selbst entdecken zu können. Die Guanchen, die ersten Siedler auf Teneriffa, vermuteten hinter den Ausbrüchen des Teide den Zorn des Gottes Guayote. Christoph Kolumbus sah in den Funken und dem Rauch, die der Vulkan spuckte, ein böses Omen für seine erste Entdeckungsreise. Alexander von Humboldt, der 1799 den Teide bestiegen hat, bewunderte hingegen, wie die ersten Sonnenstrahlen den Gipfel zum Strahlen brachten, während an der Küste noch Dunkelheit herrschte. Auf dem mit 3718 m höchsten Berg Spaniens beginnt und endet der kanarische Tag. Und es ist bei seiner Höhe nicht ungewöhnlich, dass er im Winter schneebedeckt ist – trotz der äquatornahen Lage der Kanaren.

VON ALLEM ETWAS

Teneriffa, die mit 2034 km² größte der sieben „Inseln des ewigen Frühlings", wie man die Kanaren schon zu Homers Zeiten nannte, begeistert durch Kontraste: tiefblauer Ozean und tolle Strände, schroffe Küsten und Schluchten, dichte Wälder und karges Ödland, der Vulkan Teide inmitten bizarrer Lavameere – die Natur zeigt ihre ganze Vielfalt. Durch koloniale Städte streifen, originelle Museen und Galerien entdecken – auch kulturell ist einiges los auf Teneriffa. Man sitzt bei den Einheimischen in urigen Bars, genießt ihre traditionelle Küche, trinkt ihre kräftigen Weine, erlebt ihre Feste. Surfen, tauchen, wandern, Rad fahren, die Nacht zum Tag machen oder einfach nur relaxen – auf Teneriffa herrscht nie Langeweile. Und die Sonne scheint dazu – das ganze Jahr.

1936–39
Der auf den Kanaren beginnende Spanische Bürgerkrieg läutet die Franco-Diktatur ein

ab 1960
Dank Charterfliegern beginnt Tourismus im großen Stil

1975
Nach Francos Tod wird Spanien eine Demokratie

1986
Spanien wird EU- und NATO-Mitglied

2009–17
Mit der Weltwirtschaftskrise verlieren viele Job und Haus

2018
Auf den „sicheren Kanaren" boomt der Tourismus

ELYSISCHE WINDE

Bei der Ankunft auf dem Südflughafen Reina Sofia erlebst du erst einmal einen Schock: öde Urbanisation so weit das Auge reicht, die Landschaft verdorrt. Wasser ist hier deutlich ein seltenes Gut. Doch keine Sorge: So unwirtlich sieht es nur in Teneriffas Südosten aus … Kein Wunder, dass erst die Guanchen, später die Europäer, bevorzugt auf dem Hochplateau von La Laguna und im Valle de la Orotava, der grünen Lunge Teneriffas, siedelten. Zugute kam ihnen der Nordostpassat. Beständig bestreichen die feuchten Winde den Norden in 700–1700 m Höhe und stauen sich am zentralen Hochland. Die Wolken regnen sich ab und geben Schatten, was die Temperaturen senkt und die Vegetation mit Wasser versorgt. In dieser Region ist es kühler als im Süden der Insel. Wer allerdings Saharaklima befürchtet – Afrika liegt immerhin nur gut 300 km entfernt – wird angenehm überrascht. Vielmehr herrscht ewiger Frühling, das bedeutet milde Temperaturen – kaum über 30 Grad im Sommer, selten unter 20 Grad im Winter – jahrein, jahraus. Warmer Passat und der frische Kanarenstrom im Atlantik halten eine stete Balance.

HINEIN INS TINERFENISCHE LEBEN!

Um Land und Leute wirklich kennenzulernen, musst du dich aufmachen in die Zona metropolitana. So wird die alte und neue Hauptstadt zusammenfassend genannt. Knapp ein Drittel der 800 000 Tinerfeños lebt in La Laguna und Santa Cruz. Viel hat sich hier in den letzten Jahren getan. La Lagunas historisches Zentrum wurde verkehrsberuhigt und restauriert, was der Stadt das Prädikat Unesco-Weltkulturerbe eingebracht hat. Santa Cruz verpassten international renommierte Architekten ein Facelifting, sie schufen Hingucker wie das Auditorium, den Kongresspalast und das Kunstzentrum TEA. Viele ambitionierte Ziele hatte man für die Zukunft, wie die Verschönerung der Meeresfront bis hin zum 10 km entfernten Badestrand in San Andrés. Doch die globale Finanz- und Wirtschaftskrise machte all diese hochfliegenden Pläne vorerst zunichte.

ALLES WIRD GUT!

Zwar sind die Kanaren seit Jahren „Kriegsgewinnler", da sie viele Urlauber anziehen, die einst nach Nordafrika bzw. in den Nahen Osten fuhren, doch hat der Ansturm kaum die Arbeitslosenquote (2020: noch ca. 18 Prozent) gesenkt. Hoteliers stellen keine neuen Leute ein, sondern lassen die Mehrarbeit von der Stammbelegschaft erledigen. Im Alltag merkt man von den Problemen vieler Tinerfeños wenig: Trotz der Widrigkeiten gute Laune zu zeigen, ist ein Credo der Insulaner. „Wir können ohnehin nichts ändern, warum also klagen und uns das Leben noch schwerer machen", ist ein viel gehörter Satz. So feiern die Kanarier weiterhin ausgelassene Feste, gehen ins Café oder in ihre Lieblingsbar, und halten zwischen 13 und 17 Uhr Siesta. An Emigration – wie einst ihre Vorfahren – denken nur Wenige. Vielmehr sind die meisten Kanarier mit den Festlandspaniern einig, dass die Krisen der Gegenwart auch daheim zu meistern sind.

AUF EINEN BLICK

925.595
Inselbewohner

Köln: 1.085.000

350 km
Küstenlänge

2.034 km²
Fläche

Saarland: 2.570 km²

Festland-Küstenlänge an
der Ostsee: 328 km

HÖCHSTER BERG:
TEIDE

3.718 M
Gipfel nur mit Sonder-
erlaubnis zugänglich

AB DER HÖHE VON
1500 M
kann's im Winter auf
Teneriffa schneien

DURCHSCHNITTLICHE
LEBENSERWARTUNG:
82,7 J.
In Deutschland:
81,1 Jahre

DAS AFRIKANISCHE FESTLAND LIEGT 288 KM ENTFERNT

Zum Vergleich: Zum spanischen Festland sind es 1274 km

SANTA CRUZ

Größte Stadt mit 204 000 Einwohnern
(360 000 inkl. La Laguna)
Bonn hat 322 000 Einwohner

DAS KOSTÜM DER
KARNEVALSKÖNIGIN
kostet über 20 000 Euro

420 LITER WASSER
SIND NÖTIG, UM 1 KG
BANANEN ZU ERNTEN

TENERIFFA VERSTEHEN

DRACHEN & NATTERN

Keine Pflanze hat die Fantasie der Kanarier so beflügelt wie der Drachenbaum. Dieser Verwandte der Yuccapalme ist jenseits der makronesischen Inselwelt (Kanaren, Madeira, Azoren, Kapverden) schon vor 20 Mio. Jahren ausgestorben. Nahe Verwandte finden sich aber in Afrika und Asien. Den Guanchen galt der Drachenbaum als heilig. Vor allem wegen seines Harzes, des „Drachenbluts", das sich an der Luft dunkelrot färbt und in grauer Vorzeit bei der Zubereitung von Heiltränken und Salben Verwendung fand. Schneidet man dem *drago* einen Ast ab, wächst dieser so schnell nach wie „das Haupt eines Drachen". Deshalb verliehen frühe Naturforscher dem Baum den märchenhaften botanischen Namen *Dracaena drago*. Und auch heute noch verehren die Einheimischen ihre Drachenbäume. Kaum einen Garten auf den Kanaren gibt es, in dem er nicht zu finden ist.

Fantastisch ist auch der Natternkopf, genauer: Wildprets Natternkopf. Benannt nach dem Schweizer Botaniker Hermann Wildpret, aber ein echter Tinerfeño. Er hat einen 2 m hohen Blütenstand, der in die Höhe ragt wie eine von einem Schlangenbeschwörer

Drachenbäume werden bis zu 20 m hoch

betörte Natter und mit Tausenden kleiner, glühend roter Blüten besetzt ist – keine Biene (und kein Mensch) kann ihn zur Blütezeit von Mai bis Juni übersehen! Der Natternkopf ist robust, wächst weit über der Baumgrenze hinaus – ein flammendes Ausrufezeichen inmitten alpiner Lavalandschaft. In niedrigeren Lagen gedeihen nahe Verwandte von Wildprets Natternkopf, doch sind sie kleiner und blühen blau oder weiß.

GUANCHENLOS

Viel weiß man nicht von den Ureinwohnern der Insel, deren Name so viel wie „Söhne Teneriffas" bedeutet. Sie besiedelten den Archipel ab dem 5. Jh. v. Chr. in mehreren Einwanderungswellen und entstammten wahrscheinlich hellhäutigen Berbervölkern Nordafrikas. Die Guanchen waren vor allem Bauern, die von Ziegen und Schafen lebten. Regiert wurden sie von einem *mencey*, einer Art König. Als die Spanier auf die Kanaren kamen, herrschten die neun Söhne des Mencey Bezenuria. Ihre überlebensgroßen Bronzestatuen stehen auf der Uferpromenade in Candelaria. Die Guanchen lebten meist in Höhlen, und dort bestatteten sie auch ihre mit viel Kunstfertigkeit mumifizierten Toten.

Nachdem die Europäer die Guanchen unterworfen, getötet oder versklavt hatten, gingen die überlebenden Ureinwohner bald in der Bevölkerung der Eroberer auf. Ihre Hinterlassenschaft kannst du im *Museo de la Naturaleza y el Hombre* in Santa Cruz, im *Museo Arqueológico* von Puerto de la Cruz und in den rätselhaften *Pirámides de Güímar* in Augenschein nehmen.

SALSALAUNE

Kein Blick fällt auf Teneriffa, wenn alljährlich die Bilder des brasilianischen Karnevals über deutsche Fernsehbildschirme flimmern. Dabei kann sich das überschäumende Spektakel auf der Kanareninsel in jeder Hinsicht mit Rios Sambasause messen. Monatelang laufen die Vorbereitungen für die wilden Wochen im Februar und März. Es werden *carrozas*, Festwagen, gebaut und dekoriert, Kostüme geschneidert, Masken und Verkleidungen gebastelt. *Murgas*, verkleidete Spaßmachergruppen, wetteifern darum, die besten Kostüme, die frechsten Gesänge und die schrägste Musik zu machen. Während der *desfiles*, der Umzüge, ziehen sie tanzend und lärmend durch die Straßen. Oft sind Zehntausende in Santa Cruz de Tenerife unterwegs: ein wogendes Meer aus Leibern.

Diesen Umzügen, die im spanischen Fernsehen landesweit live übertragen werden, schließt sich jede Nacht ein *mogollón* an: Bis zum Morgengrauen tanzen die Tinerfeños zu Latinorhythmen. So geht es tage- und wochenlang.

Offizieller Höhepunkt ist die Wahl der *Reina del Carnaval*. Nicht die Schönheit der Aspirantinnen entscheidet bei der Kür zur Karnevalskönigin, sondern ihre Fähigkeit, das zentnerschwere, funkelnde Kostüm – teuer wie ein Mittelklassewagen – mit Anmut zu tragen.

Grandioser Abschluss des *carnaval* ist der *Entierro de la Sardina*, das Begräbnis der Sardine. Noch einmal gibt es einen großartigen, farbenprächtigen Umzug, bei dem eine gewaltige Pappsardine durch die Straßen gezogen wird. Zum Schluss explodiert sie in einem Feuerwerk aus Lichtbögen, Raketen und Knallkörpern. In der *Casa del Carnaval* in Santa Cruz kannst du die Fiesta aller Fiestas das ganze Jahr erleben (s. S. 73).

INSIDER-TIPP
Karneval verpasst? Macht nichts!

GLÜCKSMUSIK

„Orchestrieren im Armenviertel" *(Barrios Orquestrados):* So könnte man das Projekt umschreiben, das via Venezuela auf die Kanaren gelangte. Kinder und Jugendliche aus sozialen Brennpunkten, die weder ein Konzerthaus noch ein Konservatorium kennen, werden von Profimusikern unterrichtet. Und einmal pro Woche erhalten sie Chor-Unterstützung von ihren Eltern. Es geht darum, Wege aufzuzeigen, wie man mithilfe eigener, künstlerischer Kraft den tristen, manchmal gewalttätigen Alltag hinter sich lassen kann.

SCHAUMGEBOREN

Viel Tamtam um eine kleine Figur: Ein Ort ist nach ihr benannt, Mega-Events werden für sie organisiert, Taxifahrer nehmen ihr Bildnis mit sich, Kalender tragen ihr Konterfei. Die *Virgen de Candelaria* ist die gekrönte Königin Teneriffas und seit über 500 Jahren Schutzpatronin der Insel. Ihre Karriere begann im frühen 15. Jh., als einige

Nichts ist zu bunt oder zu aufwendig für den kanarischen Karneval

Guanchen bei Candelaria eine gotische Madonnenstatue mit Kind fanden, die vom Meer an Land gespült worden war. Die Legende erzählt, dass die ängstlichen Hirten sie mit Steinen bewerfen wollten, ihre Arme aber in der Bewegung erstarrten. Beeindruckt von den offensichtlich magischen Kräften, trugen die Altkanarier die Figur in eine Höhle und begannen, sie zu verehren. Christlichen Missionaren fiel es später nicht schwer, den Kult für sich zu nutzen und die Guanchen zum Glauben jener „magischen Frau" zu bekehren. Sie gaben der Statue den Namen „Jungfrau von Candelaria" und bauten ihr eine kleine Kirche. Eine Sturmflut spülte jedoch 1826 Kirche samt Madonna ins Meer. Die heutige Statue schuf 1827 ein einheimischer Künstler. Ihre Gesichtsfarbe, ebenso wie die ihres gekrönten Söhnchens, ist fast so schwarz wie der Vulkansand des Strands. Und natürlich wurde auch bald eine neue Prachtkirche errichtet (s. S. 90).

SCHATTENHÄUSER

Du wirst dich vielleicht wundern, dass viele kunstvoll gearbeitete Holztüren und Fenster verriegelt und verrammelt sind – und sich auf fantastisch gedrechselten Balkonen keine Menschenseele blicken lässt. Doch wo das ganze Jahr die Sonne vom Himmel brennt, freut man sich nicht nicht so sehr auf Open Air, sondern eher auf schattige Rückzugsorte. So lassen engmaschig vergitterte Fensterläden Luft, aber keine Sonne ins Haus und wirken wie eine Klimaanlage. Die Fassaden sind kalkweiß –

KLISCHEE KISTE

365 TAGE SONNENSCHEIN

Pustekuchen! Spätestens, wenn du an der Teide-Zufahrtsstraße vor dem Schild „Cortada por nieve" (wegen Schnee gesperrt) stehst, musst du umlernen. In über 2000 m Höhe kann es im Winter durchaus schneien. Und im Inselnorden ist der Himmel ganzjährig oft wolkenbedeckt. Doch im Süden scheint die Sonne über 300 Tage im Jahr!

VULKANE SIND GEFÄHRLICH

Zuletzt brach 1909 auf Teneriffa ein Vulkan aus. Laut der Geologen ist ein erneuter Ausbruch möglich, doch wissen sie nicht, wann – vielleicht in 1000, 100 oder 2 Jahren? Vorsorglich messen sie die kleinste Erschütterung, auf dass eine rechtzeitige Evakuierung möglich ist. Wie auf der Schwesterinsel El Hierro 2011/12. Die Beben waren so freundlich, sich vorher anzukündigen.

ALLES MACHOS!

Der Spanier pfeift Frauen hinterher und ruft: „Hola guapa, hola rubia!" (hallo Schöne/Blonde). Ist eine Frau erst mal „sein", darf sie keinen anderen mehr anschauen ... Freilich ticken viele jüngere Männer mittlerweile anders: Sie wollen sich von Macho-Verhaltensmustern verabschieden, sehen die Frau nicht als Objekt der Lust, sondern vor allem als gleichberechtigte Partnerin.

Mit der Seilbahn geht's hoch in die winterliche Welt des Teide-Nationalparks

sie sollen das Sonnenlicht reflektieren. Aus Vulkansteinquadern gemauerte, unverputzte Hausecken, Tür- und Fensterfassungen sowie blassrote Ziegeldächer setzen klare Kontraste. Dreh- und Angelpunkt des Hauses ist der *patio*, ein Innenhof, der auf mehreren Ebenen und über Arkadengänge direkten Zugang zu allen Räumen bietet. Oft ist er üppig bepflanzt, manchmal sogar mit einem Brunnen ausgestattet und bildet eine kühle, grüne Oase im warmen Kanarenklima.

Die Kirchen und Herrenhäuser haben im Inneren oft geschnitzte und fein bemalte Holzdecken im maurisch inspirierten Mudéjar-Stil. Schöne Beispiele für kanarische Architektur findest du in La Orotava und La Laguna. Teneriffas am besten erhaltenes Bergdorf ist Masca, dessen Häuser in Trockenbauweise, also ganz ohne Mörtel, errichtet wurden.

SCHNEEGESTÖBER
Knapp 300 km bis zur Sahara – da kann es doch nicht schneien? Es kann, und das immer wieder. Der Teide-Nationalpark liegt über 2000 m und der Teide selbst ist 3718 m hoch, da können die Temperaturen schon mal unter null Grad rutschen. Fällt dann Schnee, fahren dick verpackte Kanarier hinauf und tummeln sich in der weißen Pracht. Schnee und Eis spielten schon zur Zeit der spanischen Eroberer eine wichtige wirtschaftliche Rolle auf Teneriffa. Ein ganzer Berufsstand von Eisverkäufern, die *neveros*, lebte davon, in tagelangen gefährlichen Fußmärschen zum Teide aufzusteigen, um dann auf Lasttieren oder dem

eigenen Rücken die kalte Fracht hinunter in die Dörfer zu tragen und dort zu verkaufen.

SOS H$_2$O

Eine Insel, über der ewig die Sonne scheint, hat auch eine Kehrseite: den Mangel an Wasser. Früher gab es Flüsse auf Teneriffa, dichte Kiefern- und Lorbeerwälder sogen die Feuchtigkeit aus den Passatwolken. Brunnen und kilometerweit in die Berge getriebene Stollen, sogenannte Galerien, versorgten die Landwirtschaft. Inzwischen sind die meisten Bäume abgeholzt, viele Brunnen versiegt. In einigen Stauseen wird Regenwasser aufgefangen. Meist sind es jedoch Meerwasserentsalzungsanlagen, die die Feriengebiete versorgen, auch Teneriffas neun Golfplätze werden so bewässert. All das kostet viel Geld und Energie, die vor allem durch Verbrennung von Erdöl umweltbelastend erzeugt wird. Immerhin werden neuere Anlagen auf das umweltfreundlichere Osmose-Verfahren umgestellt, wobei dem Meerwasser mechanisch das Salz entzogen wird: Per Druck wird es durch Membranschichten gepresst, die nur Wassermoleküle durchlassen, die größeren Salzteilchen aber außen vor lassen. Obwohl der Tourismus nur etwa 10 Prozent des Wassers verbraucht – die Landwirtschaft ist mit gut 70 Prozent dabei –, hier die Bitte, ein gutes Beispiel zu geben: Vergeude kein Wasser!

UR-CANARIO

Sein Gefieder ist gelb, sein Gesang melodisch. Meist sitzt er im Käfig und trällert zum Vergnügen seiner Besitzer. Selbst in den entferntesten Winkeln der Welt, in Hütten wie in Palästen, ist der Kanarienvogel zu Hause. So kommt es, dass viele Menschen den Namen der Kanaren kennen, auch wenn sie vielleicht gar nicht wissen, dass er eine atlantische Inselgruppe bezeichnet.

Der Kanarienvogel stammt vom wilden *Serinus canaria* ab, der noch heute die Wälder des Archipels bevölkert: Auch er singt schön, sieht aber unspektakulär aus, weshalb an ihm so lange herumgezüchtet wurde, bis er seine heutige Gestalt erhielt.

WEHTUN VERBOTEN

Die *lucha canaria*, den kanarischen Ringkampf, gab es schon zur Zeit der Guanchen. In einem mit Sand ausgelegten Kreis von etwa 15 m Durchmesser treten zwölf Kämpfer zweier Teams paarweise gegeneinander an. In genau festgelegter Ausgangsposition stehen sie vornübergebeugt einander zugewandt und umklammern das aufgekrempelte Hosenbein des Gegners mit der linken Hand. In dem maximal drei Minuten dauernden Kampf versuchen die *luchadores,* mit verschiedenen Griffen den Gegner zu Boden zu werfen. Wer seinen Gegner zweimal bezwingt, hat gewonnen. Die Mannschaft mit den meisten Siegen entscheidet den Wettbewerb für sich. Wenn du Lust hast, dir einen Kampf anzuschauen, erkundige dich in der Touristeninformation nach den Terminen; eine Wettkampfarena *(terrero de lucha canaria)* leistet sich jeder größere Ort.

ESSEN
SHOPPEN
SPORT

Schlendern und genießen in Santa Cruz de Tenerife

ESSEN & TRINKEN

Gofio, Mojo und Bienmesabe: Internationales Fast Food ist passé – entdecke die Vorzüge der traditionellen Esskultur!

GO GOFIO

Grundnahrungsmittel auf den Kanaren ist seit Jahrtausenden *gofio,* ein Mehl aus gerösteten Mais-, Hirse- oder Gerstenkörnern. Der Anbau des Getreides war einfach und auf terrassierten Feldern auch im Gebirge möglich. Überall, wo Quellwasser durch Schluchten sprudelte, mahlten Mühlsteine. Immer verfügbar und universell verwendbar, ist das gelbe oder hellbraune Pulver ein proteinreiches, sättigendes Nahrungsmittel. Darüber hinaus nimmt es beim Mischen jeden anderen Geschmack an. Wer *gofio escaldado,* mit Gofiomehl angedickte *caldo* (Brühe), auf einer Speisekarte findet, sollte das unbedingt probieren. Stilecht wird es mit rohen Scheiben der roten Zwiebel gelöffelt. Innovative Köche mischen ⚑ *gofio* als feines Pulver inzwischen sogar zu Speiseeis und Bananenpüree – verwegene, aber durchaus schmackhafte Kreationen.

DARF'S SÜPPCHEN SEIN?

Sehr beliebt sind Suppen und Eintöpfe. Fast in jedem Lokal mit einheimischer Küche werden frisch zubereitete *sopas* serviert. Besonders empfehlenswert ist der *potaje canario,* eine deftige Gemüsesuppe.

Kresse kennst du nur als Salatstreu? Dann solltest du mal Kressesuppe probieren! Der Klassiker der Kanarenküche wird aus großblättriger Waldkresse zubereitet, die besonders pikant schmeckt. Der Tradition getreu wird *potaje de berros* im Holznapf serviert und obenauf schwimmt ein halber Maiskolben.

INSIDER-TIPP
Nur echt im Holznapf

Kressesuppe im Holznapf, dazu *papas arrugadas* (li.); Gofio-Brot und Käse (re.)

PIKANT EINGELEGT

Optimale Ausschöpfung der eigenen Ressourcen war für die Tinerfeños schon immer eine Überlebensfrage. Zwar besaßen sie Schafe und Ziegen, später begann man auch, Kaninchen zu jagen. Doch blieben Fleisch und Fisch bis ins 20. Jh. hinein ein Luxus, den man sich nur selten leistete. Zum Schutz vor Verderben mussten tierische Nahrungsmittel in Salz eingelegt oder getrocknet werden. Als besondere Spezialität entwickelten die Kanarier ihre *adobos*. Wochen- oder monatelang zogen die Speisen in diesen scharfen Beizen aus Öl, Essig, Lorbeer, Kräutern, Knoblauch und Pfeffer und entfalteten dadurch ihren typischen Geschmack.

ALTE WÄSCHE FEIN GEMACHT

Reste gab es nicht. Was übrig blieb, landete früher in Gerichten mit blumigen Namen wie *ropa vieja*, was auf Deutsch „alte Wäsche" heißt und mit charmanter Deutlichkeit auf die wiederverwendeten Ingredienzen hinweist. *Ropa vieja, puchero* und *rancho canario*, Fleisch- und Gemüseeintöpfe, werden heute natürlich frisch mit Schweinefleisch, Kichererbsen, Kartoffeln, Nudeln, Zwiebeln, Safran, Knoblauch und der spanischen *chorizo*, einer pikanten Paprikawurst, zubereitet und gehören zum Kräftigsten und Urigsten, was Teneriffas Küche zu bieten hat. Doch auch Zutaten aus aller Herren Länder werden gern „eingearbeitet": Fenchel aus Andalusien, Yams aus Afrika, Safran aus der Mancha, Chayote aus Venezuela ... Schließlich waren die Kanaren 400 Jahre lang Drehscheibe dreier Kontinente.

RUNZELKARTOFFELN...

Die klassische Beilage *papas arrugadas* ist ein bekannter und beliebter Touristensnack. Die „verschrumpelten

Ob weiß oder rot – Wein aus Teneriffa kann sich sehen lassen

Art – von Bananen, Orangen und Aprikosen bis Papayas, Mangos und Guaven, allesamt auf der Insel geerntet – ist *flan*, Karamellpudding, ein beliebtes Dessert. Höhepunkt kanarischer Süßspeisen aber ist *bienmesabe* aus Honig, Limonen oder Zitronen, Mandeln und Eiern. Abschluss jeder Mahlzeit ist ein *cortado* oder *solo* – ein Espresso mit oder ohne Milch.

GUTE BEGLEITER

Zum Essen trinkt man Dorada, das leicht-herbe Bier Teneriffas, oder eine Flasche Inselwein: Teneriffa ist der größte Weinproduzent der Kanaren und hat eine lange Winzertradition. Schon kurz nach der Conquista wurde mit dem Anbau begonnen und der Wein bis nach nach Europa verschifft. Doch die spanisch-englische Kolonialkonkurrenz machte das gute Geschäft zunichte. Reblausbefall trug ein Übriges dazu bei. Das Blatt wendete sich erst mit Spaniens EU-Beitritt, als Fördergelder in die Landwirtschaft flossen und die Tinerfeños ihre alten Tropfen wiederentdeckten. Familienkellereien wurden modernisiert, neue Bodegas eröffnet, und bald räumten Teneriffas Weine internationale Preise ab. Heute gibt es fünf verschiedene *Denominaciones de Origen* (geschützte Herkunftsbezeichnung). Geerntet wird im September, sodass der junge Wein Anfang November fließen kann – Winzerfeste steigen dann in Icod de los Vinos, Puerto de la Cruz und Tacoronte. Die beste Probierstube ist die *Casa del Vino* (s. S. 82) in El Sauzal, wo du bei Verkostungen für wenig Geld mehrere Sorten probieren kannst.

Kartoffeln" gibt es in jedem Lokal. Die besondere Züchtung ist klein, dunkel von außen, gelb von innen und wird in reichlich Salzwasser gekocht. Dazu reicht man *mojo*. Diese pikante Sauce, in Rot oder Grün, darf bei keinem Gericht fehlen.

FISCH VON DER PLATTE

Naturgemäß gibt's an Teneriffas Küsten viel Fisch und Meeresfrüchte. *A la plancha*, d. h. auf heißer Metallplatte mit wenig Öl gebraten, schmecken *vieja, cherne, sama, caballa, bocinegro* am besten. Sie sind allesamt bissfeste kanarische Fische, die mit Salat und *mojo* ihren Geschmack besonders gut entfalten. Ebenfalls begehrt sind *pulpo* und *choco*, zwei Tintenfischarten.

FEINES FINALE

Ein Nachtisch gehört einfach zum guten Essen dazu. Neben Früchten aller

Unsere Empfehlung heute

Vorspeisen

CALDO DE PESCADO
Fischsuppe mit Kartoffeln und Kräutern

POTAJE CANARIO
Suppe aus Kichererbsen, Kartoffeln,
Gemüse

POTAJE DE BERROS
Kresseeintopf mit Kürbis, Kartoffeln und
Mais

Hauptgerichte

CHERNE AL CILANTRO
Goldbrasse in Koriandersauce

SANCOCHO CANARIO
in Salz eingelegter, gekochter Fisch mit
Gemüse und Süßkartoffel

CONEJO AL SALMOREJO
gebratenes Kaninchen in einer Beize
aus Lorbeer, Knoblauch und Wein

**CARNE DE CABRA/
BAIFO EN ADOBO**
Ziegenfleisch in pikanter Soße

Beilagen

MOJO ROJO
scharfe Soße aus Chili, Öl, Knoblauch,
Essig und Salz

MOJO VERDE
mildere Soße mit frischem Koriander

PAPAS ARRUGADAS
in Salzlake gekochte Kartoffeln, die mit
schrumpeliger (spanisch: *arrugado*)
Haut verzehrt werden

GOFIO ESCALDADO
geröstetes Getreidemehl, mit
Fischbrühe zu Brei angedickt

Desserts

LECHE ASADA
puddingartige „gebratene Milch" aus
Eiern, Limonenschale, Zimt und Zucker

BIENMESABE
ein zäher, goldbrauner Nachtisch aus
Honig, Mandeln, Eigelb und Zitrone
(übersetzt: „schmeckt mir gut")

FLAN CASERO
hausgemachter Karamellpudding

SHOPPEN & STÖBERN

Outletcenter, Luxusboutique, Bauernmarkt – shoppen macht den Tinerfeños Riesenspaß, entsprechend vielfältig ist das Angebot.

EINHEIMISCHENTREFFS
Zum Einkaufen fahren die Tinerfeños nach Santa Cruz, denn hier gibt es nicht nur das gut sortierte Großkaufhaus *El Corte Inglés,* sondern auch viele Boutiquen. Eine Fundgrube ist die Altstadt, wo sich in der zentralen *Calle del Castillo* viele bekannte Marken von Desigual bis Zara angesiedelt haben. Und in den Seitenstraßen gibt es Ausgefallenes kleiner, weniger bekannter Labels. In der Markthalle *Mercado Nuestra Señora de África* stapeln sich frische Früchte bis zum Abwinken; am Sonntag steigt in ihrer Umgebung ein großer Flohmarkt *(rastro)*. Für Kulinarisches empfehlen sich die Bauernmärkte *(mercadillos de agricultor)*, die am

Wochenende z. B. in Tacoronte stattfinden. Hier verkaufen Bauern, Imker und Winzer ihre Ware und die Stimmung ist bestens.

BLÜHENDE ERINNERUNGEN
Ein hübsches Andenken sind die exotischen Strelitzien, die auf Teneriffa gezogen werden. Du kannst sie noch nach dem Einchecken im Airport-Shop kaufen. Alternativ nimmst du einfach ein Tütchen Drago-Samen mit und züchtest Drachenbäume!

BACK TO THE ROOTS
Alfarería – Schüsseln, Teller, Karaffen und Trinkgefäße – waren notwendige Gebrauchsgegenstände des täglichen Lebens und wurden ohne künstlerische Ambitionen hergestellt. Heute ist es gerade die Schlichtheit, die ihnen ihren besonderen Reiz verleiht. Im Dorf Arguayo bei Santiago del Teide wird noch

Für den Gaumen und fürs Auge: Mojo-Sauce (li.), Strelitzie (re.)

heute nach archaischer Art getöpfert: Ohne Drehscheibe werden dicke Tonwürste aufeinandergeschichtet und verstrichen. Das natürliche Umbra, Rostrot oder Schwarz der Gefäße wird nicht bemalt. Die Keramik bekommst du nicht nur im Töpferdorf Arguayo, sondern auch in den Geschäften der staatlichen Artenerife-Kette (artenerife.com), die dafür sorgt, dass die Künstler angemessen entlohnt werden. Die Läden findest du in Santa Cruz, Puerto de la Cruz, La Orotava, Playa de las Américas und Los Cristianos.

HEISSE MODE

Gran Canaria schuf die Marke Moda Cálida, Teneriffa wollte nicht nachstehen und hat „Tenerife Moda" kreiert. Fashion-Designer werden von der Inselregierung unterstützt, auf dass sie international Karriere machen können: Sexy Beach Wear kommt von *Noemi Felipe,* frisch-freche Accessoires von *Roselinde (roselinde.net),* verrückte Hüte von *By Loleiro (byloleiro.com).* Mehrere Events machen mit Tenerife Moda bekannt, allen voran die *Feria de la Moda* im April *(tenerifemoda.com).* Eine digitale Zeitschrift stellt die neuesten Insel-Trends vor *(short.travel/ten5,* auf Spanisch).

DURCH DEN MAGEN

Für manchen ist das beste Souvenir ein kulinarisches. Die Kanaren bieten da eine große Auswahl: Weltklasse-Käse von glücklichen Ziegen, den köstlichen Mandel-Nachtisch *bienmesabe,* Liköre aus Palmensirup oder Bananen, Gebäck aus Inselproduktion und süffige Weine. Eine Tüte *gofio* (s. Essen & Trinken) bekommst du in jedem Supermarkt oder – frisch gemahlen – bei einer der letzten funktionstüchtigen Mühlen Teneriffas in La Orotava.

SPORT

Da der Nordostpassat zuverlässig Teneriffas Küsten bestreicht, ist Windsurfen traditionell die beliebteste von vielen Wassersportarten. Auch Bodysurfen vor Playa de las Américas und Puerto de la Cruz ist angesagt.

An Land ist outdoormäßig natürlich jede Menge möglich: Trail Running, Hiken und Biken, Klettern, Paragliden, Golfen ... Agenturen in den Ferienorten vermieten Ausrüstung und geben Kurse für alle Könnerstufen.

Wenn es in Mitteleuropa kalt ist, kommen viele Sportler nach Teneriffa, um hier zu trainieren. Willst du es den Profis nachmachen? Beste Voraussetzungen für etliche Sportarten bietet das *T3 Athletic Sphere (tgl. 8–22 Uhr | La Caleta | Av. de los Acantillados s/n | Tel. 922 78 27 55 | tenerifetoptraining.com)* hoch über La Caleta/Costa Adeje, wo alles erstklassig und technisch auf dem neuesten Stand ist. Kaum etwas, was es hier nicht gäbe: Tennis- und Beachvolleyball-Plätze, einen Fußballplatz, 25-m- und 50-m-Schwimmbecken, Gegenstromanlage oder sogar einen Unterwasser-Beobachtungsposten mit Video-Aufzeichnung ... Und wenn man sich ausgepowert hat, geht's ins geräumige Spa zum Verwöhnen.

Und das größte Sportevent? Das ist die *Vuelta Ciclista Isla de Tenerife* – das Profiradrennen rund um die Insel im September.

PARAGLIDING

Über Vulkane dahingleiten und im weichen Sand landen? Du startest mit einem Profi im Tandem und schwebst wie ein Vogel über den Bergen und Tälern der Insel. Teneriffa hat 40 verschiedene Absprungplätze. Der beste, *Izaña*, liegt

INSIDER-TIPP
Der ultimative Thrill

Mountainbiker kommen in den Bergen auf ihre Kosten

auf der *Cumbre Dorsal* in 2350 m Höhe hinter dem Observatorium. Tandem- und Soloflüge sowie Verleih von Ausrüstung und Kurse bietet z. B. *Tenerfly (Flüge ab 90 Euro | C/ Reykjavik | Adeje | Tel. 637 55 92 22 | tenerfly.com).*

GOLF
Golfer können auf drei 27-, vier 18- und zwei 9-Loch-Golfanlagen das ganze Jahr hindurch putten und abschlagen. Die Plätze dürfen von jedermann gegen Entrichtung des Greenfees benutzt werden (Details in den Regionenkapiteln).

KLETTERPARK
Im *Forestal Park Tenerife (Eintritt 22, Kinder bis 12 Jahre 17 Euro | El Rosario | forestalparktenerife.es),* einem Seilgarten im Kiefernwald im Nordosten der Insel, erprobt ihr euer Können. Seilrutschen mit einer Länge bis

zu 200 m und Plattformen in 30 m Höhe sorgen für den besonderen Kick.

RADFAHREN
Teneriffa per Bike ist bei der Elite der Straßenprofis wegen der steilen Bergstrecken und des milden Klimas im Winter äußerst beliebt. Freizeitfahrer finden gute, flache Strecken nur auf den Küstenstraßen, müssen dort aber mit viel Verkehr rechnen. Achtung: In Spanien besteht Helmpflicht. Mountainbiker können abseits der Straßen querfeldein in die Pedale treten.
In den Ferienzentren werden Mountainbikes tageweise ab 16 Euro, wochenweise ab 95 Euro vermietet, z. B. bei *Diga Sports (Av. Rafael Puig 23 | Playa de las Américas | Tel. 922 79 30 09 | diga-sports.de).* Geführte Radtouren kosten ab 40 Euro zzgl. Leihbike. Ein weiterer guter Anbieter

ist der *Bike Point (bikepointtenerife. com)*, der in El Médano und Playa de las Américas vertreten ist.

REITEN

Über einen Reitstall verfügt der *Amarilla Golf & Country Club (Anfahrt: Autopista del Sur, Ausfahrt Los Abrigos, Km 3 | Tel. 922 73 03 19 | amarillagolf. es)* bei *Los Abrigos*. Verschiedene Fincas haben sich auf Reiterferien spezialisiert. Die *Finca Estrella (Fuente de Vega 24 | Tel. 922 81 43 82 | tenerifa-reiten.com)* bei *Icod de los Vinos* bietet Reitausflüge in die Wälder der Umgebung an.

TAUCHEN

Die zahlreichen Tauchschulen veranstalten Kurse und Exkursionen in die faszinierende Welt des Meeres – direkt vor der Küste. Während Schnorchler selbst in Strandnähe die einen oder anderen kleinen Fische zu sehen bekommen, können Scubataucher in Begleitung auch Barrakudas, Papageienfische, Mantas, Thunfische und mit Glück sogar Wale und Delphine erleben.

Bei der deutschen Tauchschule *Centro de Buceo Atlantik (Tel. 922 36 28 01 | tenerife-buceo.com)* in Puerto de la Cruz kosten Tauchgänge ab 38 Euro, Schnupperkurse 75 Euro. In Playa de las Américas ist das *Aqua-Marina Dive Centre (Av. Arquitecto Gómez Cuesta 12 | Tel. 651 16 37 07 | aquamarinadivingtenerife. com)* empfehlenswert. Ein breites Tourenprogramm bietet das *Dive Center Aquanautic (Tel. 922 74 18 81 | tauchen-auf-teneriffa.com)* in *Playa*

Paraíso. Gleiches gilt für die Tauchbasis *Divería (Plaza 12 | Tel. 649 95 70 49 | diveria.net)* in Alcalá.

WANDERN

Teneriffa ist ein Paradies für alle, die Landschaften gern zu Fuß erkunden. Zu den schönsten Wanderrevieren gehören das *Valle de la Orotava*, das *Anaga*- und das *Teno-Gebirge* sowie der *Parque Nacional del Teide*. Im Süden lockt der *Barranco del Infierno*. Die meisten Wege sind gut ausgeschildert, doch aufgrund der oft enormen Höhenunterschiede sind sie vor allem konditionsstarken Wanderern zu empfehlen. Gute Vorbereitung, ausreichend Proviant und Vorsicht sind in jedem Fall angebracht. Unerfahrene Wanderer sollten sich besser einer geführten Tour anschließen. Der Wanderspezialist *Wikinger* betreibt im untouristischen Ort Los Silos eine eigene Unterkunft *(Luz del Mar | Av. Sibora 10 | La Caleta | Tel. 922 84 16 23 | luzdelmar.de | €€).* Vom Viersterne-Hotel aus kannst du gut vorbereitet in Eigenregie oder organisiert mit Guide jeden Tag unterwegs sein. Die Palette der Touren reicht von leicht bis schwer, für „Selbstläufer" werden detailliertes Kartenmaterial und GPS-Geräte ausgegeben.

In den Ferienorten bieten Agenturen Touren verschiedener Schwierigkeitsgrade an, im Süden z. B. *wanderjule.com* und *diga-sports.de*, im Norden *islactiva.com* und *derwanderstab.de*. Auch lädt die Evangeli-

INSIDER-TIPP
Vom Hotel in die Wildnis

Auf den Wellen des Atlantiks finden Surfer den Kick

sche Kirche (*evangelische-kirche-te neriffa.de*) sowohl im Norden als auch im Süden zur Teilnahme an Wanderungen zum Selbstkostenpreis ein – du musst weder Protestant noch Katholik sein, um daran teilzunehmen (ein Glaubensbekenntnis wird nicht verlangt).

WELLENREITEN

Wellenreiter finden sehr gute Möglichkeiten im Norden, allerdings ist die Anfahrt zum schönsten Revier, der *Playa de Benijo* hinter dem Anaga-Gebirge, sehr zeitraubend. Weitere gute Spots für Anfänger sind die *Playa de Martiánez* in Puerto de la Cruz, für Fortgeschrittene die *Playa del Socorro* und die *Playa Punta Brava* westlich von Puerto de la Cruz. Auch bei *El Médano* im Süden herrschen gute Bedingungen. Das Surfcamp (*lamareasurfschool.com*) in

Puerto de la Cruz befindet sich unmittelbar an der Playa Martíanez.

WINDSURFEN

An den Topspots entlang der Südostküste mit Windstärken um Stufe 5 im Winter, im Sommer bis zu 8, kann man durch die Wellen toben. *El Cabezo* und *La Jaquita* (Stärke 4–8) sind nur für Cracks empfehlenswert, vor der Küste bei *El Médano* (Stärke 3–5) finden in der Saison Weltmeisterschaftsrennen statt. Das dortige, von Marion und Klaus Glahmig geführte *Surf Center (C/ La Gaviota | Tel. 922 17 66 88 | surfcenter.el-medano.com)* bietet Wind- und Kitesurfkurse für alle Könnerstufen, dazu Verleih und einen sicheren Lagerplatz fürs eigene Board. Für Anfänger bieten sich die windgeschützteren Spots vor der *Playa de las Américas* und entlang der Westküste an.

DIE REGIONEN IM ÜBERBLICK

O C É A N O

A T L Á N T I C O

Subtropische Gärten und alpines Hochland

Puerto de la Cruz

Garachico

Los Realejos

DER NORDWESTEN MIT TEIDE-NATIONALPARK S. 38

Santiago del Teide

Guía de Isora

DER

DER SÜDWESTEN S. 98

Granadilla de Abona

Adeje

Playa de las Américas

El Médano

Wo fast immer die Sonne scheint

Los Cristianos

10 km
6.21 mi

Alte und neue Hauptstadt vor Bergkulisse

DER NORDOSTEN S. 66

La Laguna

✈

Tacoronte

SANTA CRUZ DE TENERIFE

La Orotava

Arafo

Güímar

ÜDOSTEN S. 86

Fischerorte und ein Wallfahrtsstädtchen

O C É A N O

A T L Á N T I C O

DER NORDWESTEN MIT TEIDE-NATIONAL-PARK

UNTER UND ÜBER DEM PASSAT

Nirgendwo ist Teneriffa abwechslungsreicher als im Nordwesten. Mittendrin liegt die grüne Lunge der Insel, das Orotava-Tal. Seine subtropische Üppigkeit verdankt es den Passatwolken, die für steten Nachschub an Feuchtigkeit sorgen. Alexander von Humboldt notierte 1799, er habe „... nirgends ein so mannigfaltiges, so anziehendes, durch die Verteilung von Grün und Felsmassen so harmonisches Gemälde" vor sich gehabt. Heute ist das Tal zersiedelt. Der Tourismus ist trotz mäßiger Strände und

Hinter dem grünen Orotava-Tal ragt der Teide auf

steiler Küsten wichtigste Einnahmequelle. Vorwiegend klotzige Hotelbauten säumen die Küstenzone um Puerto de la Cruz, den Ferienort im Norden Teneriffas. Je weiter man nach Westen fährt, desto mehr ebbt der Urlauberstrom ab. In kleinen Dörfern gehen Bauern wie eh und je dem Ackerbau nach, halten Ziegen oder kultivieren Wein, immer mit Blick auf die gewaltige Kulisse des Teide-Massivs, das sich im Süden erhebt. Kaum weniger spektakulär ist das einsame, wild-zerklüftete Teno-Gebirge im Westen.

DER NORDWESTEN MIT TEIDE-NATIONALPARK

MARCO POLO HIGHLIGHTS

★ **GARACHICO**
Historische Altstadt, wilde Küste, ein Kastell und nette Restaurants ➤ S. 57

★ **MASCA**
Zwischen schroffen Felswänden versteckt sich ein Bilderbuchdorf ➤ S. 61

★ **DRAGO MILENARIO**
Der angeblich älteste Drachenbaum der Welt grünt in Icod de los Vinos ➤ S. 55

★ **CASAS DE LOS BALCONES**
La Orotavas Adelshäuser: Schönheit aus einer Belle Epoque ➤ S. 53

★ **JARDÍN BOTÁNICO**
Exoten von allen Kontinenten in Puerto de la Cruz' botanischem Garten ➤ S. 46

★ **TELEFÉRICO**
Spektakulär: die Fahrt mit der Seilbahn auf Spaniens höchsten Berg ➤ S. 64

★ **PLAYA JARDÍN**
Schwarz, aber oho! Viel Abwechslung mit
Palmen, Wasserfällen, Felsnischen …
➤ S. 48

★ **LORO PARQUE**
Viel mehr als Papageien (span. *loro*):
Delphine, Seehunde, Pinguine und sogar
Orcas sind zu sehen ➤ S. 46

★ **CORPUS CHRISTI**
Schon mal Teppiche aus Lavasand
gesehen? Alljährlich zu Fronleichnam
werden sie in La Orotava ausgerollt
➤ S. 54

★ **WANDERUNGEN**
Grandios: die Natur inmitten der
Lavameere der Cañadas im Nationalpark
➤ S. 65

Santa Úrsula

Playa de
Martiánez
Playa de Bollullo

Playa Jardín ★

Loro Parque ★

**Puerto
de la Cruz**
S. 42

Jardín Botánico ★

San Juan
de la Rambla

2

La Vera

San José

La Guancha

Realejo Bajo

Realejo Alto

Los Realejos 1

La Orotava
S. 50

Corpus Christi Fest ★

Casas de los Balcones ★

3 Aguamansa

41 km, 1 Std. 10 Min.

e

12 Centro de Visitantes El Portillo

13 Observatorio
del Teide

E S P A Ñ A

Pico del Teide

Wanderungen ★

Teleférico ★

Parque Nacional del Teide
S. 62

PUERTO DE LA CRUZ

OCÉANO ATLÁNTICO

Calle Mequinez

Casa de la Real Aduana

Casa Museo de Pesc

Puerto Pesquero

Calle Santo Domingo

Calle Mequínez

Calle Quintana

Museo Arqueológico Municipal

El Templo del Vino

Mundo del Mapa

Iglesia de la P

El Taller Seve Díaz

Casa Régulo

Plaza del Charco

Calle San Felipe

Calle Col0gan

Calle Esquivel

Calle Puerto Viejo

Calle Doctor Ingram

Calle Iriarte

Calle

Calle Mazaroco

Calle el Peñón

Calle Blanco

Valois

Castillo San Felipe

Paseo Luis Lavaggi

Calle Llarena

Calle El Pozo

Calle Cupido

Calle Cabezas

Playa Jardín ★

Avenida Melchor

Hermanos Fernández Perdigón

Luz

Av. J. M. del Campo

Mercado Municipal

Paseo

Taoro

Loro Parque ★

Avenida Blas Pérez González

Calle Las Cabezas

Carretera

Parque Taoro

PUERTO DE LA CRUZ

(▢ G–H4–5) **Klotzige Hochhäuser inmitten üppiger Parks, Shoppingmeilen und bunte Spaßbäder, Kolonialbauten neben Neonbars, alte Männer auf ehrwürdigen Plazas – all das ist Puerto de la Cruz: Stein gewordener Kampf** zwischen vorgestern und gestern, auf der Suche nach einem tragfähigen Tourismuskonzept für heute und morgen.

Schon um 1900 entdeckten Engländer die anziehende Lage und das angenehme Klima für sich. Die ersten Hotels entstanden in großzügigen Gärten oberhalb des Fischerdorfs, das unter den Spaniern bis dahin vor allem als Warenumschlagshafen für Zuckerrohr und Wein aus dem Oro-

tava-Tal gedient hatte. Die Herbergen waren so nobel wie das Casinohotel Taoro, das noch immer über der Stadt thront und einen Investor sucht. Viele Kanarier zog es erst mit dem Aufschwung des Tourismus hierher, zu den Kurhotels gesellten sich seit den 1960er-Jahren Bettenburgen und Pensionen.

Puerto de la Cruz will den Bedürfnissen seiner 45 000 Ew. ebenso gerecht werden wie den Ansprüchen der vielen hunderttausend Feriengäste. Einheimisches und touristisches Leben mischen sich in dieser gewachsenen Stadt – dies macht den großen Unterschied zu den Ferienzentren im Süden aus. Zwischen der Playa de Martiánez im Osten und der Plaza del Charco im Zentrum findest du viele Geschäfte und Restaurants, moderne Glaspaläste ebenso wie Beispiele kolonialer Architektur und Plätze zum Ausruhen.

Schön ist es in Puerto am Wasser und in „zweiter Etage" in den Vierteln rund um den **Parque Taoro.** Da sich die Stadt mehrere Kilometer längs der Küste hinzieht, empfiehlt es sich, von der Auobahn TF-5 die richtige Ausfahrt *(salida)* zu nehmen: Salida 32 für den *Botanischen Garten* und das Viertel *La Paz,* Salida 35 für *Parque Taoro,* Salida 35 oder 36 für die *Playa Jardín,* Salida 39 für den *Loro Parque.* Achtung: Parkplätze sind rar, eine Tiefgarage findest du z. B. im *CC Pirámides de Martíanez* (Salida 32).

SIGHTSEEING

PLAZA DEL CHARCO

Auf dem Hauptplatz von Puerto de la Cruz, der rechteckigen *Plaza del Charco,* setzen sich die Einheimischen gern zu einem Schwätzchen in den Schatten der kanarischen Palmen und indischen Lorbeerbäume. Kinder haben Spaß auf dem Spielplatz. Wirf auch einen Blick in den *Rincón del Puerto*, ein 1739 errichtetes Gebäude im kanarischen Stil mit Holzbalkonen und einem aufwendig bepflanzten Patio, den sich zwei Restaurants teilen.

IGLESIA DE NUESTRA SEÑORA DE LA PEÑA DE FRANCIA

Auf der erhöht liegenden *Plaza de la Iglesia* steht – umringt von Palmen – Puertos wichtigstes Gotteshaus anno 1697. Eine Augenweide sind der schwer vergoldete Aufsatz des barocken Hauptaltars und mehrere Heiligenstatuen, darunter die Rosenkranz- und die Schmerzensreiche Madonna. *C/ Quintana*

CASA DE LA REAL ADUANA

Eines der ältesten Gebäude Puertos ist das Königliche Zollhaus. 1620 erbaut, ist es mit seinen Holzfenstern, Balkonen und dem großen Innenhof ein Eins-a-Beispiel für kanarische Architektur. Die letzten Zollformalitäten liegen lange zurück. Heute befinden sich im Erdgeschoss die Touristeninformation sowie ein Kunsthandwerks- und Kulinariashop von *Artenerife,* im Obergeschoss werden im *Museum für zeitgenössische Kunst (MACEW)* Ausstellungen kanarischer Meister gezeigt. Ausdrucksstark sind die Werke einheimischer Surrealisten wie Juan Ismael und Óscar Domínguez. *Mo–Fr 10–17.30, Sa 10–13 Uhr | Eintritt frei | C/ Las Lonjas 1 | ⏱ 30 Min.*

INSIDER-TIPP
Schräg und schön

CASA MUSEO DE PESCADOR 🐾

Das „Fischerhaus" ist vollgestopft mit Schiffs- und Bootsmodellen, ausgestopften Fischen und mürben Skeletten sowie historischen Fotos von Gefahr auf hoher See. *Tgl. 9–19 Uhr | Eintritt frei | C/ las Lonjas 5 | ⏱ 30 Min.*

PUERTO PESQUERO

Der schmale Fischerhafen liegt gegenüber der Plaza del Charco. Begrüßt wirst du von der „Pescadora", einer lebensgroßen Bronzefrau, die ihren vollen Korb auf dem Kopf nach Hause

Hinter den dicken Mauern des Castillo San Felipe dreht sich alles um Kunst und Kultur

trägt. Wenn Boote einlaufen, herrscht hektische Betriebsamkeit unter den Käufern, die lauthals um die frische Ware feilschen.

MUSEO ARQUEOLÓGICO MUNICIPAL

Westlich der Plaza del Charco liegt das Archäologische Museum der Stadt mit Guanchenmumien, Waffen und historischen Landkarten. *Di–Sa 10–13 u. 17–21, So 10–13 Uhr | Eintritt 2 Euro (Do frei) | C/ del Lomo 9a | ⏱ 30 Min.*

CASTILLO SAN FELIPE

Westlich der Innenstadt erreichst du nach knapp 1 km die Burg des San Felipe. Sie wurde zwischen 1630 und 1644 zur Abwehr von Piraten erbaut, vor der Tür ist eine imposante Kanone postiert. Heute dient die Burg Kulturveranstaltungen und Ausstellungen. Von hier geht der Blick auf die Playa

Jardín – und einen riesigen Steingarten! *Di–Sa 11–13 und 17–20 Uhr | Eintritt frei | Paseo de Luís Lavaggi | ⏱ 30 Min.*

PARQUE TAORO 🔭

Auf einem Plateau mit Blick auf das Meer und die Stadt wurden Ende des 19. Jhs. die ersten Nobelhotels für die meist britischen Kurgäste gebaut. 10 ha umfasst das Areal mit Gärten, Wegen, Aussichtspunkten, Wasserfällen, Brunnen, Kinderspielplatz und Restaurant. Innerhalb der Anlage hinter dem ehemaligen Casinohotel Taoro befindet sich ein in Terrassen angelegter, etwas verwilderter Garten: der *Risco Bello* mit prächtigen Blumen, prallen Früchten, einer efeuumwucherten Grotte und dem Wassergarten *Jardín Acuático* mit seinen Teichen. *Eintritt Park frei, Risco Bello 4 Euro | Altos de Taoro*

JARDÍN BOTÁNICO ★

Tropenpflanzen in Hülle und Fülle bilden einen urwüchsigen Hain: Zimt- und Leberwurstbäume, Würgefeigen, Pfeffer- und Tulpenbäume, Korallen- und Brotfruchtbäume, Kaffee- und Kakaostauden, Araukarien und ein Feigenbaum groß wie eine Kirche – all dies und vieles mehr siehst du im Botanischen Garten. Im Jahr 1790 ließ ihn der spanische König Carlos III. auf 2,5 ha Fläche anlegen, um exotische Pflanzen aus den Tropen an das gemäßigte Klima Europas zu gewöhnen. Während das Experiment hier gelang, schlug der zweite Schritt des ehrgeizigen Plans, die Exoten auch auf dem spanischen Festland heimisch zu machen, fehl. Die kühlen Winter in Madrid sagten den wärmeliebenden Gewächsen nicht zu. *Tgl. 9–18 Uhr | Eintritt 4,50 Euro | C/ Retama 2 | ⏱ 1 Std.*

LAGO MARTIÁNEZ 👥

César Manrique, der geniale Landschaftsgestalter aus Lanzarote, entwarf zwischen den Küstenfelsen eine Badelandschaft mit Wasserfällen, Fontänen und großen Meerwasserpools, unmringt von viel Grün. *Tgl. 10–17 Uhr | Eintritt 5,50 Euro, Kinder bis 10 J. 2,50 Euro | Costa Martiánez | ociocostamartianez.com*

LORO PARQUE ★ 👥

Der größte Zoo der Kanaren: Von Gorillas über Bengaltiger bis hin zu Löwen werdet ihr hier viele Tiere sehen. In der riesigen Freiluftvoliere „Katandra" klettert ihr über Leitern und Hängebrücken bis in die Wipfel der Bäume, um Vögel aus nächster Nähe zu betrachten. Königs- und Felsenpinguine leben unter einer gewaltigen Kuppel, aus der Schnee rieselt. In einem riesigen Plexiglaszylinder tummeln sich 20 000 Fische. Haien und Mantas kann man sich in einem Unterwassertunnel bis auf wenige Zentimeter Abstand nähern. Dazu Delphin- und Seelöwenshows; und auch Schwertwale vollführen Kunststücke in ihrem Becken. Bei einer Discovery Tour hast du die Möglichkeit, (auf Deutsch) das technische Know-how hinter den Kulissen zu verstehen. *Tgl. 8.30–18.45 Uhr (letzter Einlass) | Eintritt 34, Kinder (4–11 J.) 23 Euro; Kombiticket mit Siam Park 58/39,50 Euro | Playa Punta Brava |*

> **INSIDER-TIPP**
> **Wer's ganz genau wissen will …**

Abends auf einen Wein oder mehr in den Templo del Vino

Gratis-Minizug ab Playa de Martiánez alle 20 Min. | loroparque.com | ⏱ 4 Std.

ESSEN & TRINKEN

CAFÉ ALBA

Bei atemberaubender Aussicht auf die Küste bestellst du Kuchen, Snacks oder knackigen Salat, sehr gut schmeckt die hausgemachte Limonade. Übrigens: Auf dem Weg dorthin findest du die Büste Agatha Christies *(Mirador La Paz)*. *C/ Pitera 5 | Tel. 922 37 10 54 | €*

CASA RÉGULO

Fantasievolle, mehrfach prämierte kanarische Küche in einem renovierten Herrenhaus. Probier mal das Kraken-Carpaccio *(carpaccio de pulpo)!* *So geschl. | C/ Pérez Zamora 16 | Tel. 922 38 45 06 | €€€*

EL TALLER SEVE DÍAZ

„Seves Werkstatt" ist ein kleines elegantes Lokal in Puertos Gastrozone. Vorweg gibt's einen Gratisgruß aus der Küche und hausgemachtes Brot, dann folgen kreative kanarische Gerichte, die deine Augen und deinen Gaumen begeistern werden. Ideal für einen besonderen Abend! *Degustationsmenü ca. 40 Euro | Mi–So 19–22.30, Sa, So zusätzl. 13–15 Uhr | C/ San Felipe 32 | Tel. 822 25 75 38 | €€–€€€*

EL TEMPLO DEL VINO

Nicht nur ein Wein-, sondern ein Schlemmertempel: Zu exquisiten kanarisch-spanischen Tropfen gibt es appetitliche Tapas. Wer größeren Hunger hat, bestellt die Knusperspieße, die dekorativ „am Galgen hängend" serviert werden. Dazu gibt's pikante Saucen. *Di geschl. | C/ del Lomo 2 | Tel. 922 37 41 64 | tempiodelvino.com | €€*

BAMBI GOURMET

Versteckt in einer Seitenstraße, doch stets gut besucht: spanische Gerichte und rumänische (!) Spezialitäten in gemütlichem Ambiente, frisch und abwechslungsreich. *So geschl. | C/ Enrique Talg 15 | Tel. 922 38 38 87 | bambi-gourmet.es | €€*

SHOPPEN

CALLE QUINTANA

In der Fußgängerzone im Herzen der Altstadt findest du alles Wichtige – von der Gemäldegalerie bis zum Supermarkt. Im kleinen EKZ *Columbus Plaza* mit hübschem Patio gibt es Läden für Mode, Zigarren, Parfüm und mehr.

MUNDO DEL MAPA

Alles made in Teneriffa: In diesem Buchladen stapeln sich 3-D-Reliefmodelle, Inselschmöker und Wanderkarten. Außerdem: Aloe-Vera-Likör, Teide-Honig und Humboldt-Wein – so geht die Teneriffa-Liebe durch den Magen! Señor Antonio, der perfekt Deutsch beherrscht, berät nicht nur kompetent, er spricht auch gern über „seine" Insel. *C/ San Felipe 12 | editorial-zech.es/buchladen*

INSIDER-TIPP
Auf einen Plausch mit Antonio

MERCADO MUNICIPAL

Eine Augenweide ist die Markthalle aus Beton nicht. Trotzdem kommen viele Besucher, um frisches Obst und

Gemüse, Fisch und Fleisch zu kaufen. Wenn du Appetit auf Vollkornbrot, gute Torten und Kuchen hast, besuch *Harry's Gourmeteria* im Obergeschoss. Mittwochs und samstags findet hier von 10 bis 14 Uhr ein Flohmarkt statt. *Mo–Sa 8–14 u. 16–20 Uhr | C/ Blas Pérez González 6 | mercadopuertodelacruz.es*

SPORT & SPASS

BIKEN

Wer sich durch Puerto de la Cruz und Umgebung per Fahrrad bewegen möchte, kann gegenüber vom Busbahnhof Mountainbikes ab 65 Euro für 3 Tage mieten bei *MTB Active (C/ Puerto Viejo 44/Dr. Madan; neben Hotel San Borondón | Tel. 620 00 59 98 (16.30–18.30 Uhr), Mobil: 669 15 75 67 (9–11 Uhr) | mtbactive.com).*

SPANISCH LERNEN

An das kleine Hotel *Puerto Azul* ist die Sprachschule *Sothis (C/ del Lomo 24 | Tel. 922 38 32 13 | short.travel/ten4)* angeschlossen, in der du vom Schnupper- bis zum Crash-Kurs auf jedem Level Spanisch lernen kannst. In einigen deutschen Bundesländern wird der Sprachkurs als Bildungsurlaub anerkannt.

INSIDER-TIPP
¿Hablas español?

WELLNESS

ORIENTAL SPA GARDEN

Puertos schönstes Spa: Das Oriental Garden im Hotel *Botánico* steht auch Nicht-Hotelgästen offen: Es gibt Tha-

lasso- und Thermalpools draußen und drinnen, in Form einer Grotte oder unterm Tempeldach, Saunen von Trocken- bis Bio-, warme Wasserbetten und Erlebnisduschen – das Ganze eingebettet in einen herrlichen Garten mit Koikarpfenteich und Pagode. *Tgl. 9–20 Uhr | C/ Richard J. Yeoward 1 | Behandlungen ab 42 € | Tel. 922 38 95 05 | oriental spagarden.com*

STRÄNDE

PLAYA DE BOLLULLO

4 km östlich von Puerto de la Cruz versteckt sich dieser etwa 200 m breite, pechschwarze Strand am Fuß der malerischen Steilküste. Für Stärkung sorgt eine Strandbar.

PLAYA DE MARTIÁNEZ

Der fast naturbelassene Stadtstrand im Osten von Puerto de la Cruz besteht aus 250 m groben, schwarzen Sands und wird von Vulkanfelsen durchzogen. Lediglich ein Holzsteg wurde für Spaziergänger angelegt. Der Blick auf die Nordküste ist traumhaft.

PLAYA JARDÍN ★

Nicht umsonst heißt er „Gartenstrand": Eine üppige subtropische Flora, Wasserspiele und Felsgrotten verleihen ihm viel Charme. Schön und natürlich sieht er aus – man mag nicht glauben, dass er künstlich angelegt ist: 200 000 m³ dunkler Lavasand wurden vom Meeresgrund hochgepumpt und ein unterseeisches Riff installiert, das ihn davor bewahrt, abgetragen zu werden. Mehrere Cafés und Restaurants sorgen von früh bis spät fürs leibliche Wohl.

AUSGEHEN & FEIERN

Gut besucht ist die *Plaza del Charco* mit Lokalen, Cafés und Eisdielen. Das *Dinámico (tgl.)* auf dem Platz ist ein nach allen Seiten offener Pavillon mit großer Bar, vielen Tischen und guter Auswahl an Getränken und Snacks. Um die Ecke, in der rustikalen *Bodega Julián (C/ Mequinez 20 | Mobil: 686 55 63 15 | €€)*, untermalen am Wochenende live dargebotene lateinamerikanische und spanische Rhythmen das gute Essen.

Nachtschwärmer zieht es in Richtung *Lago Martiánez*. Im *Café de Paris (Av. de Colón 2)* reicht man auf der Terrasse bis Mitternacht Cocktails. Erst nach Mitternacht und auch nur am Wochenende tobt der Bär in der *Calle La Hoya* und der sie kreuzenden *Av. Familia Bethencourt y Molina*.

Ungewöhnlich ist das oberhalb von Puerto gelegene *Abaco (C/ Casa Grande | Urbanización El Durazno | Tel. 922 37 01 07 | abacotenerife. com)*, ein toll restaurierter Landsitz, den du auch tagsüber besichtigen kannst *(Di–So 10–13.30 Uhr Folkloreshows | Eintritt 9 Euro)*. Abends genießt man hier exotische (hochpreisige) Cocktails an der Bar, in gemütlichen Sitzecken in den Räumen oder in Korbsesseln in der romantischen Gartenanlage. Regelmäßig finden außerdem Klassikkonzerte statt.

Wer mit Glück seine Urlaubskasse aufbessern will, geht ins *Spielkasino (Mo–Mi u. Fr 20–4, So u. Do 20–3

Playa Jardín: der schwarzsandige Gartenstrand von Puerto de la Cruz zu Füßen des Teide

Uhr | Eintritt frei (Ausweis nicht vergessen!) | Av. de Colón | Tel. 922 38 05 50 | casinostenerife.com).

RUND UM PUERTO DE LA CRUZ

◼1 LOS REALEJOS

10 km/10 Min. südwestl. von Puerto de la Cruz über die TF-333

Westlich von Puerto de la Cruz bildet eine Vielzahl kleinerer Siedlungen die Gemeinde Los Realejos (36 000 Ew.). Sie verteilen sich über steile Flanken, die durch fruchtbare Schluchten voneinander getrennt sind. Teneriffas erste Kirche (1496), Santiago Ápostol geweiht, zeugt vom einstigen Reichtum der Gemeinde, in die die Hotellerie des großen Nachbarortes mittlerweile hineinreicht.

Im Ortsteil La Montañeta, nah bei Puerto de la Cruz, wurde in den Gebäuden eines ehemaligen Klosters das Restaurant *El Monasterio (tgl. | La Vera | C/ La Montañeta | Tel. 922 34 07 07 | mesonelmonasterio.com | €–€€)* eingerichtet. In der mit viel Grün gestalteten Anlage laufen Kleintiere frei herum, die Gäste können zwischen kanarischer Küche im distinguierten Restaurant und Snacks in der Cafeteria wählen. Und unterhalb des Ortsteils La Guancha kannst du die *Bodega Viñátigo (Mo–Fr 10–13, 14.30–17.30 Uhr | Besichtigung nach Voranmeldung | 1,5 km unterhalb von La Guancha an der TF-352 | C/ Travesía Juandana | vinatigo.com)* besuchen. ==Die moderne Weinkellerei ist mit viel Naturstein in einen Weintempel verwandelt worden.== ▥ *G5*

INSIDER-TIPP
Stylishe Schlückchen

◼2 SAN JUAN DE LA RAMBLA

14 km/17 Min. westl. von Puerto de la Cruz über die TF-5

Schnell hast du die Gassen des historischen, etwas verschnarchten Ortes abgeschritten. Mehr Dramatik bietet das Fischerviertel *Las Aguas* („die Wasser"), wo unentwegt Wellen gegen die Klippen donnern. Das ist nicht nur schön anzuschauen, sondern weckt auch den Appetit. Befriedigen kannst du ihn z. B. im *Restaurant Las Aguas (Mo geschl. | C/ La Destila 20 | Tel. 922 36 04 28 | €€)*, das in einem alten Landhaus über der Promenade thront. ▥ *F5*

LA OROTAVA

(▥ H5) **Vornehme, elegante Adelshäuser säumen die steilen Gassen. Stadtpalais mit großzügigen, dunklen Holzbalkonen rahmen weiträumige Plätze ein.**

Vergiss die Autos und die Neubausiedlungen an der Peripherie – und schon bist du mittendrin in der Kolonialzeit! Kein Wunder, dass die spanischen Eroberer just hier zu Beginn des 16. Jhs. eine Stadt errichteten.

Denn mitten im üppigsten Teil des grünen *Valle de la Orotava* sprudelten viele Quellen, und die fruchtbare Erde sorgte für satte Ernten. Die Spanier ließen Zuckerrohr anbauen, das sie vom Hafen Puerto de la Orotava (heute: Puerto de la Cruz) in alle Welt verschifften, und wurden auf diese Weise wohlhabend.

Erdbeben zerstörten zwar 1704/05 große Teile der Stadt, sie wurde aber sofort wieder aufgebaut. So präsentiert sich der historische Kern des Städtchens auch heute noch weitgehend intakt und ist von architektonischen Missgriffen der Neuzeit verschont. Er wird als Teil des europäischen Kulturerbes geschützt. Tourismus beschränkt sich in *La Orotava* (40 000 Ew.) vor allem auf Tagesbesucher, die sich durch die Altstadt mit ihren schönen Plätzen treiben lassen. Dank attraktiver Unterkünfte könnte man hier natürlich auch länger bleiben …

SIGHTSEEING

PLAZA DE LA CONSTITUCIÓN

Der Platz der Verfassung mit seinem Cafépavillon in der Mitte ist das Herz La Orotavas. Er ist großzügig angelegt und immer farbenfroh bepflanzt. Eine ganze Reihe historischer Bauwerke umgibt ihn – die Kirche *San Agustín* zum Beispiel, ein ehemaliger Konvent aus dem Jahr 1671, und der *Liceo de Taoro*, ein rostrot gestrichener Palast, der als privates Kulturhaus genutzt wird. Toll ist auch der Blick, der sich von der Plaza bietet: Die Stadt liegt dir zu Füßen!

Treffpunkt in La Orotava: der hübsche Cafépavillon auf der Plaza de la Constitución

PLAZA DEL AYUNTAMIENTO

Der Hauptplatz La Orotavas mit den sieben haushohen Kanarischen Palmen liegt vor dem Rathaus. Hier finden alle wichtigen Feste statt und zu Fronleichnam werden farbenprächtige „Teppiche" aus Lavasand ausgelegt. In der Weihnachtszeit kannst du dir nahebei eine schöne, lebensgroße Krippe anschauen *(C/ Isla de la Gomera 7)*.

HIJUELA DEL BOTÁNICO

Das „Töchterchen" *(hijuela)* des Botanischen Gartens von Puerto de la Cruz versteckt sich hinter dem Rathaus und ist mit 4000 m² tatsächlich eher klein. Trotzdem lohnt der Spaziergang, denn hier sind u. a. australische Koniferen, indische Kastanien, leuchtende Flammenbäume (Flamboyants) und ein schöner Drachenbaum zu sehen. Einige Pflanzen stammen noch aus der Gründerzeit des Gartens 1788. *Tgl. 9–18, im Sommer bis 20 Uhr | Eintritt frei | C/ Tomás Pérez*

JARDINES DEL MARQUESADO DE LA QUINTA ROJA

Oberhalb des Gartens Hijuela del Botánico erstreckt sich eine schmucke Parkanlage terrassenförmig den Hang entlang. Auf dem Weg nach oben, vorbei an Exoten, die in prächtigen Farben um die Wette blühen, erreichst du das *Marmormausoleum* des Marquis de la Quinta Roja. Von hier oben genießt du Weitblick über die Stadt. *Tgl. 9–18 Uhr | Eintritt frei*

INSIDER-TIPP
Ruhestätte mit Weitblick

PARROQUIA DE LA INMACULADA CONCEPCIÓN DE LA VIRGEN MARIA

Weniger ist mehr? Nicht hier – man setzt lieber auf Pomp! Zwei Glockentürme flankieren eine wuchtige, reich geschmückte Barockfassade. Und die gibt nur einen Vorgeschmack auf die Pracht, die dich im Inneren erwartet. Die drei Kirchenschiffe sind durch Säulen getrennt, über der Vierung wölbt sich eine mächtige Kuppel. Sie lässt gerade so viel Licht herein, dass der unter ihr platzierte Hochaltar aus Jaspis und Marmor geheimnisvoll schimmert. 1788 wurde die Kirche der Unbefleckten Empfängnis der Jungfrau Maria geweiht. Sie sollte ihre durch das Erdbeben 1704/05 zerstörte Vorgängerin an Schönheit übertreffen, nach dem Motto: „Was uns die zerstörerischen Kräfte der Natur nehmen, bauen wir umso prächtiger wieder auf!" *Plaza Casañas*

Casas de los Balcones: Holzbalkone am begrünten Innenhof der Casa Fonseca

CASAS DE LOS BALCONES ⭐

In der *Calle San Francisco* stehen sich mehrere Stadthäuser von schlichter Eleganz gegenüber. Ihre wunderbaren, für die Kanaren typischen, fein gedrechselten Holzbalkone, die wie Galerien außen an der Fassade kleben, gaben ihnen ihren Namen: *Casas de los Balcones*. Die erste, die *Casa Fonseca*, wurde 1632 errichtet. Sie fasziniert die Besucher mit einem tropisch-grünen Patio und einem komplett mit Holz verkleideten Arkadengang im ersten Stock. In ihren Räumen befindet sich heute eine Stickereischule. Die Decken und Tücher, bei deren Herstellung man zuschauen kann, werden auch verkauft. 1670 wurde das ebenso schöne Nachbarhaus, die *Casa de Franchi*, errichtet, die ein *Teppichmuseum (Museo de las Alfombras)* beherbergt. Allerdings handelt es sich hierbei nicht um gewebte Werke, sondern um aus Lavasand gelegte Bodenbeläge, wie sie an Fronleichnam zum Einsatz kommen. Gegenüber steht die 1590 erbaute *Casa Molina*, ein ehemaliges Kloster, heute ein riesiger Kunsthandwerksladen. *casa-balcones.com*

RUTA DE LOS MOLINOS DE AGUA

Vom Wasserreichtum um La Orotava zeugten noch bis weit ins 20. Jh. neun Wassermühlen, die ab dem 16. Jh. erbaut worden waren. Entlang der steil ansteigenden Straßen reihten sie sich aneinander den Berghang hinauf und mahlten *gofio,* das kanarische Grundnahrungsmittel. Verbunden waren sie durch Galerien, die das Wasser des Flüsschens Araujo von einer Mühle zur nächsten transportierten. Sieben dieser Mühlen und Teile der Galeriekanäle sind noch zu sehen. Eine der drei funktionstüchtigen – sie steht in der *Calle Colegio 3* und wird heute mit Strom betrieben – mahlt weiterhin täglich

INSIDER-TIPP
Rrrrröst-aroma!

frisches *gofio*, das du gleich vor Ort kaufen kannst. *Mo–Fr 9–13 u. 15–19, Sa 8–13 Uhr | Beginn der Route: südl. der Casas de los Balcones*

CENTRO DE VISITANTES TELESFORO BRAVO DEL PARQUE

Im Infozentrum des Nationalparks erhältst du die Erlaubnis zur Besteigung des Teide und erfährst einiges über seine alpine Flora. Vom Obergeschoss schaut man auf den Riesenvulkan. *Di–So 9–14 u. 15.30–18 Uhr | Eintritt frei | C/ Sixto Perera 25 | El Mayorazgo | Ausfahrt 34 | Tel. 922 92 23 71 | reservas parquesnacionales.es*

MUSEO DE ARTESANÍA IBERO-AMERICANA

In den Mauern des ehemaligen Dominikanerklosters Santo Domingo aus dem 17. Jh. befindet sich das Museum für Kunsthandwerk. Hier siehst du Trachten, traditionelle Instrumente und schöne Gebrauchsgegenstände aus Spanien und aus der Neuen Welt. Ein schlichtes Meisterwerk ist der Kreuzgang des Klosters. *Mo–Fr 10–15 Uhr | Eintritt 3 Euro | C/ Tomás Zerolo 34*

ESSEN & TRINKEN

SABOR CANARIO

„Kanarischer Geschmack" *(sabor canario)* in einem historischen Gutshof in der Altstadt. Hier widmet man sich mit Liebe der Hausmannskost – von *rancho* bis *bienmesabe. So geschl. | C/ Carrera 17 | Tel. 922 32 27 25 | €–€€*

SHOPPEN

CASA DE LOS BALCONES UND CASA DEL TURISTA

In den Geschäften der beiden gegenüberliegenden Häuser werden Kunsthandwerk und Kulinaria verkauft. Aber ob alles made in Teneriffa ist …? *Mo–Sa 9–18.30 Uhr (Casa de los Balcones auch So) | C/ San Fernando 3 u. 4*

CASA TORREHERMOSA

Zertifizierte (Sammler-)Stücke von Kunsthandwerkern aus Teneriffa: *Artenerife (Mo–Fr 10–15 Uhr | C/ Tomás Zerolo 27)* residiert in einem Palais aus dem 17. Jh.

FESTE

CORPUS CHRISTI ★

Teppiche aus Lava? Das gibt es zu Fronleichnam (s. Feste & Events, S. 139), dem Fest der Feste in La Orotava: Aus unterschiedlich gefärbtem Lavasand werden gigantische „Teppiche" geschaffen, die hyperrealistisch Bibelszenen abbilden. Das beste Stück schmückt die Plaza de la Constitución vor dem Rathaus.

RUND UM LA OROTAVA

▣ AGUAMANSA

13 km/15 Min. südöstl. von La Orotava über die TF-21

Auf halbem Weg zwischen La Orotava und dem Teide-Nationalpark beginnt 1 km oberhalb des Dorfs Aguamansa dichter Kiefernwald, wo du Rast machen und den Blick auf das Orotava-Tal genießen kannst. Links der Straße liegt in einem Krater der Picknickplatz *La Caldera,* von dem in alle Himmelsrichtungen markierte Wanderwege starten. 🚶 *J5*

ICOD DE LOS VINOS

(🚶 E5) **Ist es übertrieben, einen Ort wegen eines einzigen Baums zu besuchen? Tausende tun es. In Icod de los Vinos steht ein Prachtexemplar der sagenumwobenen Dragos.**

Der ⭐ 🚩 *Drago Milenario* hat zwar keine 1000 Lenze auf dem Buckel, wie der Name vermuten lässt, ist aber mit einem geschätzten Alter von 500 bis 600 Jahren der älteste Drachenbaum der Erde. Mit einem mittleren Stammumfang von 6 m und einer Höhe von 17 m ist er auch an Größe unübertroffen. Er steht erhöht mitten im Ort in einem botanischen Garten, dem *Parque del Drago (tgl. 9–18 Uhr | Eintritt 5 Euro | Plaza de la Constitución 1).* Dazu gibt es einen Themenweg zum Leben der Guanchen, der kanarischen Ureinwohner.

Auch ein Bummel durch das historische Zentrum von Icod (23 000 Ew.) macht Spaß. 1501 gegründet, wurde an seinen fruchtbaren Hängen schon bald Wein angebaut. Bis heute kannst du in vielen *bodegas* der Altstadt die Tropfen probieren und kaufen.

IGLESIA SAN MARCOS

Auf Icods Hauptplatz, der romantischen *Plaza Lorenzo Cáceres* oberhalb des Parque del Drago, thront die im 15. Jh. errichtete Kirche *San Marcos.* Durch ein Renaissanceportal gelangst du in den schummrigen Innenraum, der mit einer geschnitzten Holzdecke

Es gibt wenige wie ihn: der Drago Milenario in Icod de los Vinos

gefällt. Wirf auch einen Blick auf den silbergeschmückten Barockaltar! Noch mehr Silber schlummert in der Schatzkammer. Ein paar Schritte von der Kirche entfernt entdeckst du die von Herrenhäusern gesäumte *Plaza de Pila* mit ein paar netten Läden, in denen du einheimischen Wein kosten kannst.

MUSEO MUÑECAS/ARTLANDYA

Ungewöhnlich und schön ist dieser Ort sowie die Ausstellung selbst: In einer exotischen, von viel Grün umgebenen Hacienda kannst du hunderte ausgefallener Künstler- und Charakterpuppen namhafter Designer betrachten. In einer Werkstatt wird dir (auf Deutsch) erläutert, wie die Modelle entstehen. Ach ja: Teddybären in allen Größen sind auch zu sehen … *Di–So 10–18 Uhr | Eintritt 10 Euro | Camino el Moleiro 21 | 3 km vom Zentrum, Ortsteil Santa Bárbara | artlandya.com*

INSIDER-TIPP
Ausflug in die Kindheit

ESSEN & TRINKEN

CARMEN

In Icod kann es schon mal (relativ) kühl werden, und da freut man sich über deftige Suppen, z. B. den pikanten Kresseeintopf *potaje de berros!* Auch das rustikale Ambiente mit viel Holz wärmt das Herz. *Tgl. | C/ Hércules 2 | Tel. 922 81 06 31 | €€*

RUND UM ICOD DE LOS VINOS

🔟 CUEVA DEL VIENTO 🦩

5 km/10 Min. südl. von Icod über die TF-366

Wenn du in die Eingeweide eines Vulkans steigen willst, bist du hier richtig! Zunächst wirst du in einem kleinen Besucherzentrum in die Geschichte der „Höhle des Windes" eingeweiht: Sie entstand vor 27 000 Jahren, als der Pico Viejo ausbrach und seine Lavaströme talwärts schickte. Da die Lava an der Oberfläche rasch abkühlte, während sie darunter weiter abfloss, bildeten sich Stollen – mit insgesamt 17 km Länge gehört die Lavaröhre zu den längsten der Welt. In der ewigen Dunkelheit haben sich hoch spezialisierte Lebewesen behauptet, darunter die augenlose Kakerlake – ekeln musst du dich nicht, sie ist harmlos! *Di–Sa 9–16 Uhr | Eintritt 20 Euro | Führung (2 Std.) 2-mal tgl. auf Deutsch | C/ los Piquetes 51 | vorh. Online-Buchung obligatorisch, oder unter Tel. 922 81 53 39 | cuevadelviento.net | Besichtigung nur mit festem Schuhwerk.* 🗺 *E6*

🔟 SAN MARCOS

2 km/5 Min. nördl. von Icod über die TF-414

Einer der wenigen guten Badestrände im Norden ist die *Playa de San Marcos*. Die 100 Meter pechschwarzen Vulkansands sind während der Woche beinahe wie ausgestorben, füllen sich aber samstags und sonntags mit Hunderten Einheimischer, die hier baden, in Apartments das Wochenende verbringen und die kleinen Lokale bevölkern.

Beliebt ist die *Casa María (tgl. | Tel. 922 81 05 33 | €–€€)* an der Promenade mit Blick auf Meer und Strand.

INSIDER-TIPP
Ein schöner Strand für dich allein!

Ein Spaziergang durch Icod de los Vinos führt auf jeden Fall zur Plaza de Pila

Ihre Spezialität sind – wie sollte es anders sein – Fischgerichte. *E5*

GARACHICO

(D5) **Schöne Architektur, grandiose Natur – in ⭐ Garachico ist die Welt noch in Ordnung. Kopfsteingepflasterte, von historischen Häusern gesäumte Gassen münden in eine Plaza mit Klöstern, Kirchen und alten Lorbeerbäumen.**

Gleich dahinter schnellen die Felswände fast 1000 Meter empor, während an der Lavaküste Naturpools zum Baden verführen – aber steig bitte nur bei ruhiger See in die Fluten! Garachico (5700 Ew.) ist die Idylle schlechthin, und man ahnt nicht, dass der Ort einst Schauplatz einer Katastrophe war: 1706 erbrach der „Schwarze Vulkan" mächtige Lavaströme, die sich auf breiter Front über die Klippen ins Meer ergossen und dabei einen der wichtigsten Häfen Teneriffas unter sich begruben. Doch auch Neues entstand dabei. Die heißen Lavamassen erkalteten im Wasser des Atlantiks, wobei sie praktischerweise Neuland schufen, genannt *Isla Baja,* die „flache Insel". Die Einwohner bauten das Städtchen trotzig auf der eben erst erkalteten Lava wieder auf. Vor allem die Altstadt mit einigen schönen, von den Vulkanausbrüchen wie durch ein Wunder verschont gebliebenen Gebäuden wirkt wie ein belebtes Museum.

Garachicos von der Natur geschaffene Badeanstalt: El Caletón

SIGHTSEEING

CASTILLO DE SAN MIGUEL

Unvorstellbar, aber wahr: Das winzige Kastell schützte Garachico vor Piratenangriffen. Man betritt es durch das wappengeschmückte Portal von anno 1575 und stellt sich auf dem „Oberdeck" der Festung vor, eine feindliche Armada rücke heran … *Tgl. 10–18 Uhr | Eintritt 1,50 Euro | Av. Tomé Cano*

CONVENTO DE SAN FRANCISCO

Auch hier geht es in vergangene Zeiten zurück: ins Jahr 1524. Im Kloster der Franziskaner spazierst du wie einst die Mönche durch romantische Kreuzgänge und betrittst Säle mit filigranen Steinfußböden und kunstvollen Mudéjar-Decken. Doch statt Reliquien findest du hier Naturgeschichte. Ein Reliefmodell von Teneriffa zeigt, wo in den letzten Jahrhunderten Lavaströme geflossen sind. Du kannst ins Thema Vulkanismus einsteigen mithilfe von Multimediastationen, die alle Hotspots der Erde vorstellen. Willst du noch mehr sehen? Die benachbarte *Casa de la Cultura* zeigt wechselnde (Kunst-)Ausstellungen. *Mo–Fr 10–19, Sa, So 10–15 Uhr | Eintritt 1,50 Euro | Plaza de la Libertad*

IGLESIA DE SANTA ANA

Drei Schritte sind es vom Convent zur Hauptkirche von 1520. Auch hier findest du Mudéjar-Decken aus Holz und Säulen aus Lavagestein in einem schummrigen Ambiente. Die schmerzensreichen und leidgeprüften Heiligenfiguren am Hauptaltar schnitzte Luján Pérez, der Starbildhauer der

Kanaren im 18. Jh. Und wirf mal einen Blick auf die Turmuhr, die seit Menschengedenken mit deutscher Präzision tickt! *Mo–Sa 10–17 Uhr | Eintritt 2 Euro*

NATURSCHWIMMBECKEN EL CALETÓN

Hast du nach dem Spaziergang Lust auf ein Bad? Die im Meer erkalteten Lavazungen geben nicht nur ein schönes Bild ab, sondern bilden zugleich Naturbassins. Bei ruhigem Wasser (aber nur dann!), kannst du von den Felsplatten über Treppen und Eisenleitern ins Meer steigen und eine Runde schwimmen.

ESSEN & TRINKEN

ARDEOLA

Hier sitzt du direkt an der Meerespromenade und genießt kreative kanarische Küche in einem schnörkellos-eleganten Rahmen. Frag Señor Angel nach dem Tagesfisch! Raffiniert

INSIDER-TIPP
Tradition trifft auf Avantgarde

schmeckt *milhoja de papas*, Gemüsetatar, mit Ziegenkäse bestreut. *Tgl. 18–22, Sa/So auch 13–16 Uhr | Av. Tomé Cano 4 | Tel. 922 13 30 12 | restauranteardeola.com | €€*

CASA GASPAR

Seit vielen Jahren ist die Casa eine gute und gemütliche Adresse: Fleisch vom Grill und frischer Fisch, der nach Gewicht berechnet wird. Freundlicher, schneller Service. *So/ Mo geschl. | C/ Estebán del Ponte 44 | Tel. 922 83 00 40 | €€*

SHOPPEN

ARTSHOP

Hier kommt alles von Kunsthandwerkern und Künstlern, die sich von Teneriffa inspirieren lassen: Keramik nach Art der Guanchen, Schmuck mit Lavasteinen und Bilder mit Inselmotiven. *C/ Estebán Ponte 3 | artshop-garachico.com*

RUND UM GARACHICO

🟦 LOS SILOS

6 km/5 Min. westl. von Garachico über die TF-42

Eine weiße Kirche im Zuckerbäckerstil, davor eine stimmungsvolle Plaza mit Pavillon – schön und verschlafen wirkt das Zentrum von Los Silos (5500 Ew.). In einem ehemaligen Kloster schräg gegenüber der Kirche befindet sich ein nettes Besucherzentrum. Im *Centro de Visitantes (Mo–Fr 9–13, Sa 9–14 Uhr | Eintritt frei | Plaza de la Luz 10)* kannst du dich über Geologie, Flora und Fauna informieren und bekommst Tipps zu Wandermöglichkeiten im Teno-Gebirge.

Unmittelbar an der Küste endet die Straße an einem viel zu hoch geratenen Apartmenthaus – ein Schandfleck in grandioser Landschaft. Aus Mangel an Stränden wurde nebenan ein Freibad errichtet, in dem man ein paar Runden schwimmen kann. Sehnsüchtig aufs Meer schaust nicht

Ein wenig versteckt liegt das schöne Dorf Masca im Teno-Gebirge

nur du, sondern auch ein 15 m langer Seiwal, dessen Originalskelett hier platziert wurde, nachdem das Tier hier 2005 gestrandet war, – ein Symbol für den Schutz der Meeresbewohner. *C5*

7 EL TANQUE

6 km/12 Min. südwestl. von Garachico über die TF-421/TF-82

Der Ort oberhalb von Garachico ist unscheinbar, hat aber eine Attraktion: Im Camello Center laden Dromedare zu Ausritten durch die Vulkanlandschaft ein. Damit der Trip exotischer wird, darf man sich ein Beduinenkostüm überwerfen und mit dunkelblauem Kaftan und Kopftuch ein wenig arabisch erscheinen. Der Ausritt ist nach 20 Min. vorbei, doch es gibt auch Ziegen, Ponys und Esel im Streichelzoo. Wer Lust hat, kann danach ein kanarisches Menü bestellen. Problema-

tisch wird's, wenn gerade ein Reisebus eingetroffen ist: Die Wartezeiten können dann lang sein. *Tgl. 10–17 Uhr | Eintritt 10, Kinder (3–12 J.) 5 Euro | El Tanque | TF-82, Km 10,2 | Tel. 922 13 61 91 | camellocenter.es | D5*

8 BUENAVISTA DEL NORTE

11 km/10 Min. westl. von Garachico über die TF-42

Der Name ist Programm: „buena vista" – gute Sicht auf schroffe Klippen und die Weiten des Atlantiks! Teneriffas westlichster Ort (5400 Ew.) liegt vor der Kulisse des mächtigen Teno-Massivs. Die TF-445 in Richtung Westen führt zum *Buenavista Golf (Greenfee: 1 Runde 75 Euro | Tel. 922 12 90 34 | buenavistagolf.es)*, einem überm Meer grandios gelegenen 18-Loch-Platz. Die Straße führt dann am *Mirador de Don Pompeyo* mit schöner Fernsicht vorbei und endet an der *Punta de Teno*, wo ein alter und ein neuer Leuchtturm nebeneinander stehen *(bei Regen Erdrutschgefahr, Do–So obligatorischer Shuttle-Service mit Bus 369 stdl. ab Buenavistas Kirchplatz)*. Die Aussicht reicht an klaren Tagen bis La Palma und La Gomera. *C5*

9 MACIZO DE TENO (TENO-GEBIRGE)

20 km/30 Min. südwestl. von Garachico über die TF-42/TF-436

Kannst du dir vorstellen, dass das Teno-Gebirge einst eine eigenständige Insel war? Vor 7 Mio. Jahren erhob sie sich aus dem Meeresboden und verschmolz erst viele Vulkanausbrüche später mit der jüngeren „Hauptinsel" um den Teide. Bis heute wirkt das bis zu 1100 m hohe Teno-Massiv weltabgeschieden und unzugänglich: schroffe Schluchten überall, Klippen und nur hier und da eine grüne Hochebene. Einen Überblick über die Welt aus zerklüftetem Stein bietet der *Mirador de Cherfe* an der Strecke von Santiago del Teide nach Masca.

Wer wilde Natur liebt, biegt knapp südlich von El Palmar nach Westen in Richtung *Teno Alto (B6)* ab. Du passierst einen Picknickplatz und erreichst nach 3 km den Weiler, der auf einer windgepeitschten Hochebene kauert. Ziegen und Schafe grasen auf den Weiden, der aus ihrer Milch gewonnene, oft prämierte Käse ist eine Delikatesse! Zusammen mit einem Gläschen Wein kannst du ihn in den Bars am Kirchplatz probieren. *B–C6*

10 MASCA ⭐

25 km/50 Min. südwestl. von Garachico über die TF-42/TF-436

Schmal und kurvenreich ist die Straße dorthin, und beim Näherkommen fällt es kaum auf, das wunderschöne Dorf mitten im Teno-Gebirge. Aus dem graubraunen Fels der Umgebung schlug man Quader und errichtete daraus die Häuser der verschiedenen Ortsteile, die sich auf mehrere Hänge verteilen. Diese Architektur ist typisch für die Teno-Region, und Masca ist das beste Beispiel. Bis weit ins 20. Jh. waren alte Hirtenwege der Guanchen die einzige Verbindung des Ortes mit der Außenwelt. Sie wanden sich die Berghänge entlang von Dorf zu Dorf bis nach Santiago del Teide. Für ein geruhsames Kennenlernen Mascas nimmst du dir am besten in den Morgen- oder Abendstunden Zeit, wenn die Bustouristen nicht den Ort überschwemmen. Unterhalb der Durchgangsstraße findest du mehrere Ausflugslokale, von deren Terrasse sich tolle Berg- und Talblicke eröffnen, z. B. in der *Casa Fidel (Do geschl. | Tel. 922 86 34 57 | €)*. *C6–7*

11 SANTIAGO DEL TEIDE

19 km/30 Min. südwestl. von Garachico über die TF-82

Auf dem Weg ins Teno-Gebirge kommst du unweigerlich durch Santiago. Von Santiago werden die boomenden Ferienstädte um Los Gigantes gemanagt, eine unerschöpfliche Goldgrube für die Gemeinde ... Der 5400-Ew.-Ort liegt auf einem Hochplateau und hat eine kuppelgekrönte Pfarrkirche, gleich dahinter findest du die *La Casona del Patio (Av. de la Inglesia 72 | Tel. 922 83 92 93 | lacasonadelpatio.com | €€)*, ein musealer Gutshof anno 1663.

Zwei große historische Weinpressen am Restauranteingang signalisieren: Hier gibt es gute Inseltropfen! Interessierst du dich für archaisches Kunsthandwerk? Dann bist du im Weiler Arguayo südlich von Santiago genau richtig. Der Ort war einst ein wichtiges Zentrum der Töpferkunst Teneriffas. Heute wird dieses Handwerk nur noch im *Museo del Alfarero (Di–Sa 10–13 u. 16–19, So 10–14 Uhr | Eintritt frei)* betrieben. Das Museum befindet sich in einer restaurierten Werkstatt. Nach traditioneller Guanchentechnik – also ohne Töpferscheibe und Werkzeuge – gearbeitete Gegenstände werden im alten Ofen gebrannt. Die Produkte – schlichte Schüsseln, Kannen und Töpfe in Naturtönen – kannst du als Mitbringsel erwerben. In der Ausstellung findest du auch Meisterstücke und alte Fotos aus der Blütezeit der Töpferei. *C7*

PARQUE NACIONAL DEL TEIDE

(E-H6-8) **Majestätisch und unnahbar: Ein Besuch in Teneriffas Nationalpark ist ein eindrucksvolles Urlaubserlebnis!** Der *Parque*

Eine Wanderung im Nationalpark führt u. a. zu den Roques de García

Nacional del Teide liegt in alpinen Höhen ab 2000 m und ist mit einer Fläche von über 135 km² der größte Nationalpark auf den Kanaren. Sein Herz ist ein gigantischer Kraterkessel namens *Las Cañadas*, überragt vom fast 4000 m hohen Teide.

Du reibst dir die Augen: Der elliptische Cañadas-Kessel mit einem Durchmesser von 16 km ist einer der weltgrößten Krater, gesäumt von einem 45 km langen, gezackten Rand. Hier erlebst du eine Landschaft in Aufruhr: bunt schillernde Aschehügel, weite Ebenen und tiefe Schluchten. Die Geröllhalden sind mal glatt poliert, mal pockennarbig; schwefelgelb leuchtet der „Senfberg" (Montaña Mostaza), hell der „Weiße Berg" (Montaña Blanca) und pechschwarz sind zungenartig erstarrte Schlacke-

felder. Gestein, mit Wucht in die Erde gerammt, ist scharfkantig wie schwarzes Glas. Überall liegen wie von Riesen geschleuderte Felsblöcke herum. Getoppt wird das Ganze von markanten Erhebungen: Am nördlichen Rand der beiden Krater ragt der gut 3000 m hohe Schlot des *Pico Viejo* auf, an dessen Flanke zuletzt 1798 eine große Eruption stattfand.

Neuere Untersuchungen legen nahe, dass sich sowohl die Cañadas als auch das Tal von La Orotava durch Erdrutsche fast unvorstellbaren Ausmaßes bildeten: 1000 km³ Landmasse glitten demnach bei der Entstehung der Cañadas ins Meer. Nachweislich entstand der Teide jedenfalls erst nach den Erdrutschen vor knapp 200 000 Jahren und ist damit erdgeschichtlich blutjung. Zum Vergleich: 7 Mio. Jahre ist es her, dass Vulkanausbrüche an dieser Stelle zum ersten Mal Land aus den Tiefen des Atlantikbodens hoben und eine von mehreren Inseln aufbauten, die später zu „Teneriffa" verschmolzen.

Dass du dich im Nationalpark wie auf einem anderen Planeten fühlst, verdankt sich auch dem scheinbaren Mangel an Pflanzen. Dieser Eindruck trügt allerdings, denn 139 Spezies haben sich den extremen Klimabedingungen in großer Höhe – starke Sonneneinstrahlung am Tag, Eiseskälte bei Nacht sowie große Trockenheit – angepasst. Gut 20 Prozent der Pflanzen sind eingeborene *Tinerfeños* – es gibt sie nur hier und nirgends sonst auf der Welt. Zu ihnen zählen der in herrlichem Rot blühen-

Huevos del Teide, „Teide-Eier", werden die Felsbrocken genannt

lejos, eine grün schimmernde eisenhaltige Formation.

Der zweite Halt auf deiner Tour ist der *Pico del Teide (▢ F8)* selbst. 3718 m hoch ist der ebenmäßige Kegel. Sein Name leitet sich aus dem Guanchen-Wort für „Hölle" ab. Aus seinen Flanken steigen bis zu 86 Grad heiße Schwefeldämpfe auf, ein Beweis dafür, dass es in der Hölle noch rumort.

Mit dem ★ *Teleférico (tgl. 9–16 Uhr | Hin- und Rückfahrt 27 Euro | volcano teide.com | besser im Voraus buchen, um Wartezeiten zu vermeiden),* der Teide-Seilbahn, gelangst du in nur 10 Minuten die 1200 Meter hinauf zur Bergstation La Rambleta in 3555 m Höhe. Von dort kannst du ausgiebige Spaziergänge zum spektakulären Aussichtspunkt *La Fortaleza* und zum *Pico Viejo* (3135 m) unternehmen – doch Achtung: Oft weht ein starker Wind!

de, säulenartige *tajinaste rojo* oder Teide-Natternkopf, die kleine gelbe oder weiße Teide-Margerite und das violette Teide-Veilchen. Der Pflanzenwelt ist aber nur eine kurze Blütezeit im Mai und Juni beschieden. Gering ist die Zahl der Wirbeltiere, ausgewilderte Mufflons, Finken und Turmfalken gehören dazu.

Mach bei deiner Tour durch den Parque Nacional Rast bei den *Roques de García (▢ F8),* ein Ensemble vielfarbiger Felsnadeln. Eine Aussichtskanzel eröffnet einen spektakulären Blick. Wer ein Stück hinaufsteigt, wird mit einem gleichfalls fantastischen Blick hinab in den *Llano de Ucanca* belohnt, die größte Ebene der Teide-Cañadas, und auf *Los Azu-*

ZIELE IM NATIONALPARK

🔢 CENTRO DE VISITANTES EL PORTILLO 🐚

Wie ist der Teide überhaupt entstanden? Welche Kräfte waren dabei am Werk? Und wie ist es möglich, dass in dieser Lavawüste Leben aufkeimen konnte? Das Besucherzentrum des Nationalparks liegt in einem nachgebildeten Lavatunnel und vermittelt anschaulich alle Basics. In einem großen Steingarten, der sich rings um das attraktive, in die Landschaft integrierte Gebäude erstreckt, wachsen viele der alpinen Pflanzen, die du auch im Gebiet des Nationalparks findest. *Tgl. 9–16 Uhr | Eintritt frei | TF-21 km | 32,1 am nordöstl. Ausgang der Cañadas | Tel. 922 35 60 00 | ▢ G6*

🔟 OBSERVATORIO DEL TEIDE 🌲🚩

Auf dem Dach der Insel fühlt man sich wie in einem Science-Fiction-Film: Die metallisch-weißen Türme des Observatoriums starren in den blauen Himmel, der so klar ist, dass er beste Ausblicke ins Universum zulässt. Als das Kanarische Institut für Astrophysik 1964 seine Arbeit aufnahm, schien hier – fernab aller Zivilisation und auf 2390 m Höhe – die geeignete Stelle für eine freie Sicht in den Himmel zu sein. Inzwischen stören jedoch die Lichter der Ferienorte die Arbeit der Astronomen, das nächtliche Firmament ist daher von der Nachbarinsel La Palma aus besser zu beobachten. Die Wissenschaftler des Observatoriums auf Teneriffa studieren dafür tagsüber die Sonne. Bei einer 90-minütigen Besichtigung erfährst du, wie die Warte funktioniert und darfst durchs Teleskop ins All blicken. *Anmeldung über volcanoteide.com | ab 21 Euro | ▢ H7–8*

INSIDER-TIPP
Starlight Destination

ESSEN & TRINKEN

PARADOR NACIONAL

Das im Chaletstil gebaute Haus der staatlichen Hotelkette bietet Kost und Logis. Exzellente kanarische Küche im Landhaus-Ambiente oder Schnellimbiss in der Cafeteria mit Teide-Blick. *Las Cañadas del Teide | Tel. 922 38 64 15 | parador.es | €–€€€ | ▢ F8*

SPORT & SPASS

WANDERUNGEN ⭐

Markierte Wanderwege führen durch die *Cañadas* und hinauf auf den Teide. Beim Aufstieg auf Spaniens höchsten Berg passierst du die „Teide-Eier", *Huevos del Teide,* riesige rundliche Brocken aus Lavagestein, die verstreut im Gelände liegen.

Beachte, dass die Höhe den Körper stark belastet! Vor längeren Märschen solltest du dich angemessen akklimatisieren. Sonnenschutz und ausreichender Trinkwasservorrat sind bei allen Wanderungen unerlässlich. Kostenlose Informationsblätter für zwei- bis fünfstündige Touren bekommst du im Besucherzentrum *El Portillo.*

SCHÖNER SCHLAFEN IN TENERIFFAS NORDWESTEN

HIDEAWAY IM PARK

„Für jeden Gast eine Palme" ist das Motto im *Tigaiga (83 Zi. u. Suiten | Parque Taoro 28 | Tel. 922 38 35 00 | tigaiga.com | €€–€€€).* Hier wohnst du in einer grünen Oase voller Exoten. Und dazu hast du immer einen Traumblick auf den Teide und das Meer von Puerto de la Cruz. Es gibt in diesem Hotel keinerlei Animation, doch wer will, kann an einer spannenden botanischen Führung teilnehmen.

DER NORD-OSTEN

LORBEERWALD UND HIPPE STÄDTE

Wie ein Rückgrat trennen die Berge der Cumbre Dorsal die Küsten Teneriffas, steigen nach Südwesten zum Teide an und enden im Nordosten in den unwegsamen Montañas de Anaga. Nur zwei serpentinenreiche Straßen führen in das 1000 m hohe, mit Lorbeerwald bedeckte Anaga-Gebirge.

Hier urwüchsige Natur, dort urbanes Leben: Die Hauptstadt Santa Cruz ist mit dem Weltkulturerbe La Laguna zur „Zona Metropolitana" zusammengewachsen, in der fast 50 Prozent aller *Tinerfeños* leben.

Im Anaga-Gebirge

In beiden Städten wurde in den letzten Jahren viel Geld investiert, um sie zu verschönern. Nur das Verkehrschaos bedarf noch immer einer Lösung …

Jenseits der Zona Metropolitana liegen fruchtbare Täler – Teneriffas „Speisekammer". Zugleich befindet sich dort das größte Weinanbaugebiet der Kanaren. Unübersehbar sind leider die Auswirkungen der Boomzeit: Weite Strecken der oft spektakulären Steilküste sind zugebaut, die Täler sind zersiedelt.

DER NORDOSTEN

Punta del Hidalgo
S. 83

Bajamar
S. 83

O C É A N O

A T L Á N T I C O

Tejina

Tamarco

Tegueste

T e n

7 Valle de Guerra

TF5

La Laguna ★
S. 77

4 El Sauzal

Tacoronte
S. 81

La Costurera

5 La Matanza de Acentejo

La Esperanza

28 km, 30 Min.

Llano del Mc

6 La Victoria de Acentejo

E S P A Ñ A

El Tablero

3 Cumbre Dorsal ★

TF

Arafo

MARCO POLO HIGHLIGHTS

★ **SANTA CRUZ**
Die Inselhauptstadt mit tollen Parks, Kunst- und Konzerttempeln ➤ S. 70

★ **LA LAGUNA**
Eine Zeitreise in die koloniale Vergangenheit – im Weltkulturerbe der Unesco ➤ S. 77

★ **MONTAÑAS DE ANAGA**
Schroffe Grate und steile Schluchten, Lorbeerwald und wilde Buchten ➤ S. 84

★ **CUMBRE DORSAL**
Eine Tour auf dem „Rückgrat Teneriffas" führt durch nahezu alle Vegetationszonen der Insel ➤ S. 80

8 Chinamada

Taganana

Montañas de Anaga ★
S. 84

Igueste de
San Andrés

20 km, 20 Min.

i f e

Playa de las Teresitas ★

1 San Andrés

TF11

Finca España

73 km, 1 Std. 20 Min.

anta Cruz de Tenerife ★
S. 70

Tenerife Espacio de las Artes ★

Auditorio de Tenerife ★

Puerto de las Nieves
(Gran Canaria)

Palmetum ★

Taco

Gran Canaria **2**

TF1

O C É A N O

A T L Á N T I C O

★ **AUDITORIO DE TENERIFE**
Das Wahrzeichen der Insel: ein
architektonisches Meisterwerk ➤ S. 73

★ **PALMETUM**
Palmenpark auf einer ehemaligen
Mülldeponie ➤ S. 73

★ **TENERIFE ESPACIO DE LAS ARTES**
Santa Cruz' Kunstzentrum ist von außen
und innen eine Augenweide ➤ S. 72

★ **PLAYA DE LAS TERESITAS**
Diese Strandperle zieht am Wochenende
Tausende Tinerfeños an ➤ S. 76

SANTA CRUZ DE TENERIFE

Plaza del Príncipe
Asturias
Bodegón el Puntero
Parque García Sanabria
Calle San Lucas
Calle del Castillo
Los Menceyes
Iglesia de San Francisco/
Museo de Bellas Artes
Villalba   Hervás
Artenerife
Plaza de España
La Rambla
Avenida Ángel Guimeá
Calle Valentín Sanz
Plaza de la Candelaria
Calle del Doctor Allart
Calle Galcerán
Calle Miraflores
La Hierbita
Calle de Imeldo Serís
Calle Santo Domingo
Murillo
Avenida Marítima
Vía de Servicio Los Llanos
Casa del Carnaval
Paseo la Concordia
Calle Aguere
Guannabí
Club el Desván
Ausgehviertel la Noria
C. Afilarmónica Nifú-Nifá
Calle Fuente de Morales
Bravo
Iglesia de Nuestra
Señora de la Concepción
Mercado de Nuestra
Señora de África
Tenerife Espacio de las Artes ★
Avenida de San Sebastián
Alfonso
Calle
Avenida de San Sebastián
Museo de la Naturaleza
y el Hombre
los Molinos
Hernández
Navarro
Calle José Manuel Guimerá
Il Gelato del Mercato
Avenida La Salle
Calle
Calle Leoncio Rodríguez
de Fernández
José
Calle
Aires
Avenida
Calle Bethencourt y Molina
Avenida Marítima
Avenida
de Buenos
Avenida Tres de Mayo
Dársena
Sur
Avenida Tres de Mayo
El Corte Inglés
Avenida Víctor Zurita Soler
Avenida de la Constitución
Vía de Servicio Los Llanos
Calle Álvaro Rodríguez López
Calle Fomento
Calle Adán Martín Menis
Palmetum ★
200 m
219 yd
Auditorio de Tenerife ★

SANTA CRUZ DE TENERIFE

(▭ M–N 3–4) **In Terrassen zieht sich ★ Santa Cruz de Tenerife von der Küste aus die zackigen Berge hinauf. Nüchtern gestaltete Hoch-**

häuser und stattliche Kolonialbauten stehen hier dicht beieinander. Obwohl die Hauptstadt Teneriffas mit 230 000 Ew. eine Hafenstadt voller Aktivität ist, wirst du hier keine Hektik spüren. Weite Teile der Innenstadt sind verkehrsberuhigt, die Straßenbars und Cafeterias sind fest in einheimischer Hand und kanarisches

Laisser-faire ist an der Tagesordnung. 1494 landete der spanische Eroberer Alonso Fernández de Lugo in der Bucht und gründete die erste Siedlung. Santa Cruz stand anfangs im Schatten des 5 km landeinwärts liegenden La Laguna, seit 1723 ist es aber Regierungssitz Teneriffas. Wirtschaftlich wichtig ist für die Stadt der weitläufige Hafen, in dem Güter aus aller Welt umgeschlagen werden. Hier gehen alljährlich zigtausende Kreuzfahrtgäste an Land.

WOHIN ZUERST?

Der **Busbahnhof (Estación Central de Guaguas)** liegt südlich des Stadtzentrums. Von hier gelangst du vorbei an der Markthalle *(Mercado)* und dem Kunstzentrum TEA in die Altstadt. Wer mit dem Auto anreist, sucht einen Parkplatz möglichst nah an der **Plaza de España** und startet den Rundgang von hier.

SIGHTSEEING

LA RAMBLA

Der lange Boulevard spannt sich wie ein Bogen um die Innenstadt. Auf der breiten Promenade in der Mitte laden Kioske und Bänke unter haushohen Bäumen zum Verweilen ein. Moderne Skulpturen – unter anderem von Henry Moore und Joan Miró – bringen Kunst ins tägliche Leben. Die Stierkampfarena auf halber Strecke wird nur noch für Sportevents und Popkonzerte genutzt.

PARQUE GARCÍA SANABRIA

Hier kannst du durchatmen! Du spazierst über die breiten Wege, vorbei an mächtigen Bäumen und exotischen Blumen. Hier und da stößt du auf Skulpturen, Arkaden und Wasserspiele – verträumte Plätze laden zu einer Verschnaufpause ein. Stärken kannst du dich auch: Eine nette *Cafeteria* am (unteren) Eingang zum Park ist ein gern besuchter Ort.

IGLESIA DE SAN FRANCISCO/MUSEO DE BELLAS ARTES ☂

Die Franziskaner gibt es in Santa Cruz nicht mehr: Aus ihrem Kloster ist ein Kunstmuseum mit Werken niederländischer und spanischer, vor allem aber kanarischer Meister geworden. Doch ihre Kirche tut noch immer Dienst am Herrn: Tauch ein ins sakrale Ambiente mit Säulen aus Vulkanstein, barocken Altären und geschnitzten Holzdecken. *Kirche: Plaza San Francisco | Museum: Di–Fr 10–20, Sa, So 10–14 Uhr | Eintritt frei | C/ José Murphy 12*

PLAZA DE ESPAÑA & PLAZA DE LA CANDELARIA

Die weite *Plaza de España* mit riesiger kreisrunder Wasserfläche, vielen Bäumen und schwebenden Lampen in Tropfenform wirkt sehr attraktiv – so entfaltet zu jeder vollen Stunde eine Fontäne ihre Wasserfahne. Im Hintergrund stehen zwei zierliche, pflanzenüberwucherte Pavillons – sie beherbergen die Touristeninformation und einen Kunsthandwerksladen von Artenerife. Auf der anderen Seite des Platzes erhebt sich das *Cabildo Insular,* der Sitz der

Inselregierung; im Dezember wird hier ein Krippenspiel aufgebaut, das viele Besucher anzieht.

Nahe dem Palast der Inselregierung steht das wuchtige Denkmal für die Gefallenen des Bürgerkriegs. Athletische Riesenkrieger mit Schwert und Helm nach Art der deutschen Nazikunst erinnern an jene, die für Diktator Franco fielen. Diesem monströsen Anblick kannst du dich entziehen, indem du (buchstäblich) im Boden versinkst: 🐦 Über ein unauffälliges Entree steigt man in den Untergrund hinab und stößt auf die Fundamente der Festung *Castillo de San Cristóbal (Mo–Sa 10– 18 Uhr | Eintritt frei).* 1575 wurde sie zwecks Piratenabwehr errichtet und 1928 – längst überflüssig geworden – geschleift, um Platz für die expandierende Stadt zu schaffen. Im Dämmerlicht, das gut zu Santa Cruz' Untergeschoss passt, siehst du Schautafeln zu allen Festungen der Stadt. Auch eine Replik der Kanone „El Tigre", mit der 1797 Admiral Nelson in die Flucht geschlagen wurde, erinnert an die kriegerische Vergangenheit der Stadt.

Landeinwärts schließt sich die *Plaza de la Candelaria* an. Auf einer hohen Säule schwebt die „Lichtbringerin" aus weißem Carrara-Marmor – sie ist die Schutzheilige Teneriffas. Auf der Plaza de la Candelaria beginnt die Shoppingmeile von Santa Cruz, wo sich in rascher Folge Trend- und Traditionsläden abwechseln.

PLAZA DEL PRÍNCIPE ASTURIAS

Ein herrlicher Platz, der nach dem Sohn des spanischen Königs be-

nannt wurde. Alter Baumbestand und üppige Vegetation machen die Plaza zu einer subtropischen Oase. Halte Ausschau nach der großen Fischstatue aus Bronze! Sie erinnert daran, dass die Tinerfeños „Sardinlinge" *(chicharreros)* heißen …

INSIDER-TIPP
Salopper Spitzname

TENERIFE ESPACIO DE LAS ARTES ★

Teneriffas ambitioniertes Kunst- und Kulturzentrum: Außen schmiegt sich der lang gezogene Bau schlangengleich an den Barranco, die lange Schlucht, die sich quer durch die Stadt in Richtung Küste zieht. Innen lassen streng lineare Schrägen, hohe Fensterfronten und der offene Patio viel Licht hinein. Du kannst die Werke des großen, aus Teneriffa stammenden Surrealisten Óscar Domínguez betrachten. Daneben werden in wechselnden Ausstellungen internationale Kunstströmungen der Gegenwart vorgestellt. Auch gibt es eine große Bibliothek und eine schicke Cafeteria. 36 Internetzugänge sind für jedermann kostenlos nutzbar. *Di–So 10–20 Uhr | Eintritt 5 Euro | Av. de San Sebastián 10 |* ⏱ *1 Std.*

IGLESIA DE NUESTRA SEÑORA DE LA CONCEPCIÓN ⛱

Der schlanke Glockenturm der ältesten Kirche (1502) ist im Kolonialstil erbaut und diente Seefahrern lange als Landmarke. Schlanke Vulkansteinsäulen stützen innen das Gebäude, das wertvolle Barockkunstwerke birgt:

den Hochaltar, eine farbige Marmor-kanzel, Gemälde, Gold- und Silber-schätze sowie das *la santa cruz,* das „Kreuz der Eroberung" von 1494. *Av. Bravo Murillo*

MUSEO DE LA NATURALEZA Y EL HOMBRE

In einem ehemaligen Hospital, einem Prachtbau im Stil des Klassizismus, wanderst du auf den Spuren der Insel-geschichte: Du bist bei der vulkani-schen Entstehung Teneriffas dabei und erfährst, wie sich auf anfangs kar-ger Lava Pflanzen entwickelten. Dann lernst du die ersten Siedler, die Guan-chen, kennen. Geborgene Schädel stehen fein säuberlich in Vitrinen auf-gereiht. In Glassärgen liegen Mumien. Werkzeuge, Schmuck und Gebrauchs-gegenstände der altkanarischen Be-völkerung vervollständigen das Bild. *Di–So 9–19 Uhr | Eintritt 5 Euro | C/ Fu-ente Morales | museosdetenerife.org |* ⏱ *1 Std.*

CASA DEL CARNAVAL

Jecke Zeit außerhalb des Karnevals? Kein Problem! Hier schlüpfst du in verrückte Kostüme, bewunderst die Gewänder von Königin und Drag-queen, schaust dir mit 3-D-Brille schräge Videos an. *Tgl. 9–19 Uhr | Eintritt frei | C/ Aguere 15 | casacarna valsantacruz.com |* ⏱ *30 Min.*

PALMETUM ★

Wo einst Abertausende Tonnen Müll vor sich hinrotteten, wurde ein bota-nischer Garten angelegt: 11 ha groß und voller Palmen aus aller Welt. Auf verschlungenen Wegen spazierst du

über kleine Hügel, vorbei an Teichen und Wasserfällen. In einem Treib-haus wachsen empfindliche Tro-pen-Exoten, die eines Tages ausge-wildert werden sollen. *Tgl. 10–18 Uhr,*

Hell und licht: der Lesesaal im Tenerife Espacio de las Artes

letzter Einlass 17 Uhr | Eintritt 6 Euro | Av. de la Constitución | pal metumtenerife.es | ⏱ *1 Std.*

AUDITORIO DE TENERIFE ★

Das schneeweiße Konzerthaus ist ein gewagtes Bauwerk des spanischen Stararchitekten Santiago Calatrava. Blickfang sind die riesigen, sich über die muschelförmigen Veranstal-tungssäle neigenden Flügel, die dem Bau etwas Fliegendes, Schwe-reloses verleihen. Doch nicht nur die

Optik beeindruckt, auch die Akustik ist ungewöhnlich gut: In den lichten Hallen finden im Wochenrhythmus

INSIDER-TIPP
Hoch-karätiges Crossover

Konzerte jedweder Musikrichtung von Worldmusic bis Klassik, dazu Opernaufführungen und Ballettabende statt. Auch Führungen durch das Gebäude werden angeboten *(4-mal tgl., Buchung an der Kasse, per Tel. 922 56 86 25 oder E-Mail an visitas@auditoriodetenerife.com). Av. de la Constitución | auditoriode tenerife.com*

ESSEN & TRINKEN

LA HIERBITA
Im „Kräuterlein" schmecken kanarische Klassiker, die im rustikalen Ambiente eines Altstadthauses serviert werden. Macht es wie die Spanier und bestellt mehrere Tapas, die ihr miteinander teilt! *Tgl. ab 12 Uhr | C/ Clavel 19 | Tel. 922 24 46 17 | lahierbi ta.com | €–€€*

GUANNABÍ
Ein Lokal im Ausgehviertel Noria: Natursteinwände, von der Decke baumelnde Farne und Mischmaschmöbel schaffen ein entspanntes Ambiente. Und die mediterranen Gerichte auf fantasievollem Geschirr schmecken! *Tgl. ab 13 Uhr | C/ Antonio Dominguez Alfonso 34 | Tel. 922 87 53 75 | facebook: Guannabirestaurante | €€*

BODEGÓN EL PUNTERO
Urig-kanarisch, einem Landgasthof nachempfunden: Alle Traditionsge-

richte stehen zur Wahl. Gut schmeckt hier vor allem Fisch! *Mo–Sa 12–16.30, 20–23 Uhr | C/ San Clemente 3 | Tel. 922 28 22 14 | €*

IL GELATO DEL MERCATO
Teneriffas bestes Eis bekommst du hier, im trubeligen Ambiente der Markthalle. *Di–So 9.30–15 Uhr | C/ San Sebastián 51 | Mercado de Nuestra Señora de África | €*

LOS MENCEYES
Edel eingedeckte Tische unter einer hohen Decke bilden den eleganten Rahmen für niveauvolle kanarische Küche. Eine Heerschar von Kellnern bedient unaufdringlich und souverän. Eines der besten Lokale der Insel. Informeller geht es zu im *Tapa Negra* nebenan. *Tgl. | C/ Dr. Naveiras 38 | Tel. 922 27 67 00 | €€€*

SHOPPEN

ARTENERIFE
Auf der Plaza de España steht der flach geschwungene und bepflanzte Pavillon der staatlichen Kunsthandwerkskette. *Mo–Fr 10–14 u. 17–20, Sa 10–14 Uhr | artenerife.com*

EL CORTE INGLÉS 👕
Das Großkaufhaus bietet alles von Mode über CDs bis zu exquisiter Feinkost. Im siebten Stock gibt es ein Panoramalokal (€). *Av. Tres de Mayo*

MERCADO DE NUESTRA SEÑORA DE ÁFRICA
Spannend ist ein Besuch des beigen, in maurischem Stil gehaltenen Stadt-

Einheimische wie Touristen steuern den Markt Nuestra Señora de Africa an

markts von Santa Cruz. Auf dem weiten Platz und unter den Arkaden des zweistöckigen Gebäudes werden Tiere, Obst, Gemüse, Fisch, Blumen, Käse und mehr verkauft (tgl. 7–15 Uhr | C/ San Sebastián 51). Sonntags findet beim Mercado ein Flohmarkt mit allerlei Krimskrams statt.

SPORT & SPASS

CITY VIEW BUS

Hop on, hop off: Neben der Touristeninfo an der Plaza de España startet der orangene City View Bus seine Tour durch die Stadt. An 15 Stationen kannst du zur Besichtigungsfahrt aufbrechen und dabei beliebig oft aus- und einsteigen. *Tgl. 9.30–18.30 Uhr | 22 Euro inkl. Eintritt ins Palmetum | tenerifecityview.com |* ⏱ *75 Min.*

PARQUE MARÍTIMO CÉSAR MANRIQUE 👥

Der Meerespark macht Spaß mit mehreren Pools, Inseln aus Vulkanstein und weiten Liegeflächen. Entworfen hat ihn der Künstler César Manrique. Kleine Cafeterías sorgen fürs leibliche Wohl. *Tgl. 10–18 Uhr | Eintritt 2,50/Kinder 1,50 Euro | Av. de la Constitución 5*

AUSGEHEN & FEIERN

Am Wochenende treffen sich Clubgänger im Viertel *La Noria* am Barranco-Rand (zw. Kirche und Brücke) – die Party dauert bis zum Morgengrauen!

CLUB EL DESVÁN

Before and after the party: Hier trifft man sich – draußen und drinnen – zu

Jazz und Chillout, Livemusik und Kunstausstellungen. Nahebei öffnen weitere Nacht-Klassiker. *Tgl. ab 17.30 Uhr | Pasaje de Sitja 17 | eldes van-santacruz.com*

AUSGEHVIERTEL LA NORIA

In stimmungsvoll beleuchteten Fußgängerzonen trifft man sich in Bars und Bodegas. Im Bulan chillt man im Lounge-Stil, dahinter reihen sich die Locations auf 50 m eng an eng: Im Lagar gibt es Livemusik; gegenüber die coolen Bars Mojos y Mojitos und Los Reunidos und dann die klassische Tasca El Porrón. *Alle tgl. ab 20 Uhr | C/Antonio Domínguez Alfonso*

FESTE

Das Fest aller Feste ist der Karneval, der in Santa Cruz mehrere Wochen lang exzessiv gefeiert wird (s. S. 19).

RUND UM SANTA CRUZ DE TENERIFE

1 SAN ANDRÉS

10 km/10 Min. nordöstl. von Santa Cruz über die TF-11
Bei der Suche nach einem Strand wurden die Stadtoberen von Santa Cruz im Fischerdorf San Andrés fündig. Weil ihnen aber der vulkangraue Kieselstrand am Fuß einer steilen Schlucht nicht schön genug erschien, ließen sie 1970 ein paar Schiffsladungen feinsten Saharasands aus der damaligen spanischen Kolonie Westsahara heranschaffen. Auf diese Weise wurde aus San Andrés ein Badeort.

Auf 1 km Länge erstrahlt der künstlich aufgeschüttete Strand ★ ✹ *Playa de las Teresitas* in blendendem Goldgelb, die angepflanzten Palmen werten ihn weiter auf. Damit die helle Pracht nicht gleich wieder weggewaschen wird, wurde ein Damm ins Meer hinaus gebaut. Während der Woche ist es hier oft sehr ruhig. Samstags und sonntags dagegen kommen die Hauptstädter zu Tausenden; Touristen hingegen sind eher selten an diesem kanarischsten aller Strände.

Die Meeresbrise weckt den Appetit, was liegt da näher, als in einem der Lokale einzukehren? Die Ware kommt (meist) frisch von den Booten, die aufs Meer hinausfahren. An der Durchgangsstraße bieten mehrere Restaurants Fisch und Meeresfrüchte. Einen guten Ruf haben *El Rubi (tgl. | C/ El*

Dique 19 | €€) und die *Marisquería Ramón* (tgl. | C/ El Dique 23 | €€), beide mit großem Speisesaal und Wasserbecken, aus denen z. B. Hummer gefischt wird. 🕮 *O3*

➋ GRAN CANARIA
73 km/80 Min. östl. von Santa Cruz (mit der Fähre)

Für einen Tagesausflug zur Nachbarinsel (alles Wissenswerte im MARCO POLO Band „Gran Canaria") nimmst du im Hafen die Katamaranfähre „Fred. Olsen Express", die mehrmals täglich in gut einer Stunde nach Agaete fährt *(hin und zurück ab 80 Euro/ Person | Tel. 902 10 01 07 | fredolsen. es)*. 🕮 *O*

LA LAGUNA

(🕮 M3) **Möchtest du durch historische Gassen spazieren, in altehr-** würdige Klosterhöfe blicken und in urige Bodegas einkehren? ⭐ **La Laguna, ein Unesco-Weltkulturerbe, ist ideal für einen Ausflug und auch für etwas länger.**

Doch seinen ganzen Urlaub mag hier kaum jemand verbringen, denn auf der Hochebene kann es kühl und wolkenverhangen sein – immerhin liegt die Stadt auf 500 m Höhe in der Einflugschneise der Passatwolken. Was für Urlauber ein Graus, war für die ersten Siedler ein Segen. Die feuchte Kühle sorgte für satte Ernten: erst für die Guanchen, dann für die spanischen Eroberer. Kein Wunder also, dass diese 1496 La Laguna zur ersten Inselhauptstadt machten.

Schnell entwickelte sich der Ort auch zum geistigen Zentrum des Archipels. 1701 wurde hier die erste Universität der Kanaren gegründet. 1723 verlor man zwar die politische Macht an das aufstrebende Santa Cruz, mit der Hochschule und dem

Sonnenbaden unter Palmen, schwimmen im Schutz eines Damms: Playa de las Teresitas

Bischofssitz ist La Laguna aber bis heute das kulturelle Herz Teneriffas geblieben, eine lebendige Stadt von 156 000 Ew. Das koloniale Erbe wird gehegt und gepflegt – das spiegelt sich in herrlichen Bauwerken in kanarischem Stil wider.

auf Teneriffa geborenen Malers betrachten. Pointillistisch hat er ruhige, leicht morbide Stillleben gemalt – gut für eine Meditation über die Vergänglichkeit des Lebens!

INSIDER-TIPP
Kunst zum Innehalten

WOHIN ZUERST?

Egal ob mit dem Auto, dem Bus oder der Straßenbahn, erstes Ziel ist das historische Zentrum. Bester Einstieg zu seiner Erkundung ist die *Plaza del Adelantado*. Nahebei befindet sich auch die Touristeninfo, in der du dich für Gratis-Stadtführungen anmelden kannst *(C/ Obispo Rey Redondo 7 | Tel. 922 63 11 94 | turismodelalaguna. com)*. An jeder Sehenswürdigkeit erhältst du für 7 Euro ein Sammelticket, das Eintritt in fast alle wichtigen Gebäude gewährt.

SIGHTSEEING

MUSEO DE HISTORIA DE TENERIFE 🌂

Auch wenn du kein Interesse an kanarischer Geschichte haben solltest, lohnt es sich, einen Blick in diesen Palast von 1593 zu werfen! Der Innenhof mit Holzgalerien ist ein Musterbeispiel kolonialer Architektur: *Casa de Lercaro (Di–Sa 9–20, So/Mo 10–17 Uhr | Eintritt 5 Euro | C/ San Agustín 22 | museosdetenerife.com)*. Ein paar Häuser weiter kannst du in der ✿ *Fundación Cristino de Vera (Eintritt frei)* fast 100 Gemälde des

LA CATEDRAL DE LOS REMEDIOS

Teneriffas Kathedrale entstand im 20. Jh. auf den Ruinen der ersten, 1511 erbauten Kirche. Aus dieser Zeit sind viele Kunstwerke erhalten, u. a. ausdrucksstarke Skulpturen des Kanariers José Luján Pérez. Spektakulär ist die 2014 eingesetzte Betonkuppel, die den Raum nach oben entgrenzt. *Mo–Fr 10–20, Sa 10–12.30, 14–17 Uhr | Eintritt 5 Euro inkl. deutschspr. Audio-Guide | Plaza Fray Albino | lalagunacatedral.com*

IGLESIA DE NUESTRA SEÑORA DE LA CONCEPCIÓN

In La Lagunas ältester Kirche (1496) gefallen die bemalten Holzdecken, eine prachtvoll geschnitzte Barockkanzel und ein Taufbecken, das einst der spanische Eroberer Alonso Fernández de Lugo mitgebracht hat. Vom hohen Glockenturm neben der Kirche genießt du einen tollen Blick über die Stadt und das Hochland. *Mo 10–14, Di–Fr 10–17 Uhr | C/ Obispo Rey Redondo*

MUSEO DE LA CIENCIA Y EL COSMOS 🌂

Schon von Weitem am gewaltigen Radioteleskop zu erkennen: Im Museum für Wissenschaft und Kosmos werden an über 70 verschiedenen

„Stationen" interaktiv und spiele-risch die komplizierten Zusammen-hänge zwischen Erde, Sonne, Son-nensystem, Milchstraße und menschlicher Existenz begreifbar gemacht (Beschriftung auf Englisch). *Di–Sa 9–20, So/Mo 10–17 Uhr | Eintritt 5 Euro | Av. Los Menceyes 70 | museosdetenerife.com |* ⏱ *2 Std.*

ESSEN & TRINKEN

LAGUNA NIVARIA

Das stimmungsvolle Bistro-Café im Innenhof des gleich-namigen Hotels ist zu jeder Tageszeit der Lieblingstreff der Ti-nerfeños. Wem der Sinn nach kana-risch-kreativen Menüs aus Bio-Zuta-ten steht, geht ins dazugehörige ele-gante Restaurant. *Tgl. 13–16 u. 19–23 Uhr | Calle del Consistorio 13/Ecke Plaza del Adelantado 11 | Tel. 922 26 42 98 | lagunanivaria.com | €€*

INSIDER-TIPP
Fein snacken oder fantasievoll tafeln

TAPASTÉ

Hier werden Vegetarier, Veganer und Gesundheitsbewusste glücklich – alles ist hausgemacht, bio und aus der Region. Weder Konservierungs-noch Farbstoffe kommen zum Ein-satz, weißer Zucker ist tabu. Das täg-lich wechselnde dreigängige Menü kostet ca. 10 Euro. *Mo–Fr 13–16 Uhr | Plaza San Cristóbal 37 | Tel. 822 01 55 28 | tapaste.es | €*

LA BOURMET

Aus Burger-Gourmet entstand der Name „Bourmet": Mehr als zehn verschiedene Burger sind im Ange-bot, gebratene Süßkartoffeln und hausgemachtes Brot, dazu Inselbier oder -wein. *Mo geschl. | C/ San Agus-tín 42 | Tel. 922 25 04 13 | labourmet.com | €*

Gewaltig: das Radioteleskop des Museo de la Ciencia y el Cosmos

EL TIMPLE

Ana steht am Kochtopf, ihr Mann Benito wetzt zwischen Küche und Speiseraum hin und her. Tinerfeños bestellen meistens eine *ración* (Por-tion) – und weil die Hausmannskost so gut schmeckt, gleich eine zweite hinterher. *So/Mo geschl. | C/ Candi-las 4 | Tel. 922 25 02 40 | €€*

SHOPPEN

In den verkehrsberuhigten Gassen findest du Tante-Emma-Läden ebenso wie trendige Boutiquen. Gute Teneriffa-Weine kaufst du bei der *Vinoteca Atlántida (San Agustín 55 | facebook: Atlántida Artesania)*. Kosmetik, Kunsthandwerk, Kulinarisches gibt's bei *De la Tierra (C/ Obispo Rey Redondo 7)*.

AUSGEHEN & FEIERN

La Laguna ist das Trendrevier der jungen Insulaner. An den Fußgängerstraßen *C/ Herradores* und *C/ Obispo Rey Redondo* reiht sich eine Bodega an die nächste. Viele Bars gibt es auch südlich der *Plaza del Adelantado* Richtung Univiertel.

RUND UM LA LAGUNA

🔳 CUMBRE DORSAL ⭐

10 km/10 Min. südwestl. von La Laguna (mit dem Auto über die TF-24)
Die 42 km lange Strecke auf der schmalen Gebirgskette von La Laguna zum Teide-Nationalpark ist die schönste, die du auf Teneriffa mit dem Auto fahren kannst. Durch ein Kaleidoskop von Landschaften geht es bis auf 2300 m Höhe. Westlich der alten Hauptstadt sonnen sich Kakteen und Orangenbäume in der dürren Hochebene, deren Zentrum *La Esperanza* ist, ein adrettes, ver-

schlafenes Dorf. Oberhalb beginnt der Esperanza-Wald. Dichter Kiefernforst und hoher Eukalyptus kühlen den Boden, Farne finden Schatten, Lorbeer- und Tannenpflanzungen sollen dem jahrhundertelangen Kahlschlag entgegentreten. Das rustikale Lokal *Las Raíces (Mo geschl. | €)* lädt zu ==schmackhafter Hausmannskost mitten im Wald – fast== märchenhaft ist die Stimmung hier, wenn's draußen neblig-feucht ist!

INSIDER-TIPP
Pause im Hexenhäuschen

Vom *Mirador Montaña Grande* in 1120 m Höhe erblickst du La Palma, später auf der anderen Seite Gran Canaria. Oft abrupt ist der Eintritt in den Nebelwald. Am *Mirador de Ortuño* zeigt sich erstmals der im Winter schneebedeckte Gipfel des Teide. Im Sommer sind die sieben roten Feuerwachtürme, von denen einer links auftaucht, rund um die Uhr besetzt – Waldbrände sind die größte Gefahr für diese Region.

In 2000 m Höhe ist die Baumgrenze erreicht. Die Felsen sind schroff, kurzstämmige Kiefern, Ginster und niedrige Sträucher trotzen den oft rauen Winden und den großen Temperaturschwankungen. Gezackte Lavagrate, schwarze, bleigraue und rote Aschefelder zeugen von den Vulkanausbrüchen der Jahrmillionen. Kurz nach den weißen Türmen des *Observatoriums* erreichst du das *Centro de Visitantes El Portillo* (s. S. 64), das Informationszentrum des Nationalparks, den Eingang zur Kraterlandschaft am Fuß des Teide. 📖 *G–L 4–6*

Die Cumbre Dorsal ermöglicht manchen Ausblick auf den Pico del Teide

TACORONTE

(⌂ K3) **Wie so oft auf Teneriffa, ist auch der Ort Tacoronte von nichtssagenden Neubauten umstellt, doch besitzt er jenseits der Durchgangsstraße einen hübschen historischen Kern.**

Für Weinliebhaber lohnt sich der Besuch allemal. Tacoronte (22 000 Ew.) ist das Zentrum des größten Anbaugebiets auf den Kanarischen Inseln. Weinberge ziehen sich die Hänge entlang, Dutzende *bodegas* verführen zu einem Gläschen. Achte auf Schilder mit der Aufschrift „Guachinche" und schau ruhig hinein: In improvisierten Schänken wird zu jungem Wein deftige und günstige Küche serviert.

INSIDER-TIPP
Schlemmertempel Garage

SIGHTSEEING

EL CRISTO DE LOS DOLORES

Die lebensgroße Jesusstatue aus dem 17. Jh. steht in der Kirche des ehemaligen Augustinerklosters. Das Gotteshaus zeigt eine reich mit Silberblech beschlagene sakrale Ausstattung, das Kloster, ein Kulturzentrum, einen schönen Kreuzgang. *Tgl. | Plaza del Cristo*

RUND UM TACORONTE

🔳 EL SAUZAL

3 km/5 Min. südwestl. von Tacoronte über die TF-215

Die meisten Besucher des Nachbarorts (8000 Ew.) von Tacoronte steuern das „Weinhaus", die *Casa del Vino (Di 10–20, Mi–Sa 9–21, So 10–18 Uhr | Eintritt 3 Euro | casadelvino-tenerife.com)* an. Es wurde in einem Gutshof aus dem 17. Jh. untergebracht – mit schönem Blick vom Meer bis zum Teide. Du siehst historisches Gerät, u. a. hölzerne Weinpressen, und vieles mehr, was Teneriffas Weingeschichte dokumentiert.

INSIDER-TIPP
Süffiges im Weinhaus

Zugleich kannst du dir hier echt tinerfenisch die Kante geben: In einer gemütlichen Tasca werden beste Tropfen glasweise kredenzt (Glas 2 Euro); im eleganten Restaurant *Casa del Vino (Mo geschl. | Tel. 922 56 38 86 | €€)* gibt's kanarische Klassiker – auf Wunsch auf der Terrasse mit Meerblick. Wer motorisiert ist, fährt 1,5 km zum Ortskern hinab, der auf mehreren Terrassen über der Steilküste „hängt". Hinter der schmucken Kirche *Iglesia de San Pedro* aus dem 16. Jh. entdeckst du einen romantischen Winkel mit einem *Museum (unregelmäßig geöffnet)*, das an Teneriffas inoffizielle Heilige María Sor Jesús erinnert. Schön ist auch der Mirador de Garañona mit Tiefblick auf brandungsumtoste Klippen. *K3*

5 LA MATANZA DE ACENTEJO

5 km/7 Min. südwestl. Tacoronte über die TF-215

Der Ortsname, das „Gemetzel von Acentejo", erinnert an die Schlacht zwischen Guanchen und spanischen Eroberern 1494, bei der Letztere eine Niederlage hinnehmen muss-

ten. Leider gibt es in La Matanza kaum etwas Historisches – gesichtslose Gegenwart dominiert. Eine Ausnahme ist der Gutshof *La Cuadra de San Diego (Do–So 13–16 Uhr | Camino Botello 2 | TF-5, Ausfahrt 23, dann TF-217 | Tel. 922 57 83 85 | lacuadradesandiego.es | €€)* aus dem 16. Jh., in dem Almudena und Isabel Knackig-Frisches zubereiten. Dazu gibt's hauseigenen Wein. *J–K4*

6 LA VICTORIA DE ACENTEJO

7 km/9 Min. südwestl. von Tacoronte über die TF-215/TF-217

Daran, dass die Spanier die Ureinwohner schließlich unterwarfen, erinnert 2 km weiter der Name des Nachbarorts von La Matanza: „Der Sieg von Acentejo". Gut ein Jahr nach ihrer Niederlage kehrten nämlich die Männer mit den schillernden Rüstungen mit einem noch größeren Heer zurück. Die Guanchen hatten der überlegenen Streitmacht nun nichts mehr entgegenzusetzen und wurden endgültig besiegt. Hauptmann Fernández de Lugo ließ zum Andenken an den geistlichen Beistand die Kirche *Nuestra Señora de las Victorias* errichten, die noch heute steht. *J4*

7 VALLE DE GUERRA

9 km/10 Min. nordöstl. von Tacoronte über die TF-16

In der Region Valle de Guerra, nördlich von Tacoronte, werden Wein, Obst und Gemüse angebaut und Blumen gezogen. Vor der Einfahrt zum gleichnamigen Ort liegt links im stattlichen Gutshof *Casa de Carta* das *Museo de*

Weinmuseum mit Probierstube, Tapas-Bar und Restaurant: Casa del Vino

Antropología de Tenerife (Di–So 9–19 Uhr | Eintritt 5 Euro | museosdetenerife.com). Hinter dem hochtrabenden Namen verbirgt sich ein Museum, in dem Alltagskultur anno dazumal vorgestellt wird. *K–L2*

BAJAMAR & PUNTA DEL HIDALGO

(L–M 1–2) **Bajamar und Punta del Hidalgo sind eher ruhige Ferienorte. In den 1960er-Jahren hochgezogen, erhalten sie zurzeit ein Facelifting.**

In Bajamar locken die Promenade und zwei große, kostenlose ★ *Naturschwimmbecken (Piscinas Naturales)*, deren Salzwasser direkt vom Meer ausgetauscht wird. Praktisch: Selbst wenn das Meer heftig an die Mauer braust, drehst du hier ruhig deine Runden. Auch in Punta del Hidalgo gibt es ein Naturschwimmbecken. Von dort kannst du an der Küste entlang 4 km zu den „zwei Brüdern" (s. S. 84) laufen – gemeint sind zwei Felsen am Fuß des Anaga-Gebirges. Für alle, die keinen Touristentrubel wollen, sind beide Orte eine Urlaubsalternative!

INSIDER-TIPP
Baden mit Brandung

(s. S. 84)

ESSEN & TRINKEN

COFRADÍA DE PESCADORES PUNTA HIDALGO

Erst ein Bad im Naturschwimmbecken von Punta del Hidalgo, dann ein Fischessen im Lokal der Fischereigenossenschaft – am schönsten zum Sonnenuntergang! *Tgl. | C/ Hoya Baja/Av. Marítima 46 | Punta del Hidalgo | Tel. 922 15 64 60 | €–€€*

Das Dorf Taganana, am Rand des Anaga-Gebirges gelegen

RUND UM BAJAMAR & PUNTA DEL HIDALGO

8 CHINAMADA

9 km/3,5 Std. östl. von Punta del Hidalgo (zu Fuß auf dem markierten Weg PR-TF 10)

Die Küstenstraße TF-13 endet in Punta del Hidalgo. Vom Aussichtspunkt am Ende genießt du einen eindrucksvollen Blick auf die Nordküste mit dem *Roque de los Dos Hermanos* („Felsen der zwei Brüder"). Unterhalb des Wendeplatzes führt ein markierter Wanderweg zum dramatisch zwischen Felsen gelegenen Chinamada. Dort leben die Dorfbewohner wie vor Jahrhunderten in Höhlenhäusern, die mit gekalkten Fassaden verblendet sind. 📖 *M1–2*

MONTAÑAS DE ANAGA

(📖 *L–M 1–2*) Nordöstlich von Santa Cruz und La Laguna steigen immer kurvenreichere Straßen in das kühle ⭐ Anaga-Gebirge hinauf. Jahrmillionen lang hat in der abgelegenen Region, die auch heute kaum besiedelt ist, der Lorbeerwald überlebt.

Selbst den Spaniern, die die Wälder der Insel anfangs rücksichtslos rodeten, waren die steilen Höhen zu unwegsam. Immer wieder ist der Wald von bizarrer Baumheide durchsetzt,

Bistro *La Gangochera (tgl. | Tel. 922 26 42 12 | facebook: Gangochera | €)* mit Gerichten aus regionalen Zutaten stärken.

Der größte Ort des Gebirges ist *Taganana (☐ N2)* in einem weiten Tal unterhalb hoher Bergzinnen. Die dreischiffige Kirche *Nuestra Señora de las Nieves* aus dem Jahr 1506 birgt ein wertvolles Triptychon, ein dreiteiliges Altarbild, im flämischen Stil aus derselben Zeit. Unten an der Küste liegen die Weiler *Roques de la Bodega* und *Benijo* mit Fischlokalen vor wilder Brandung. Bleibst du oben auf dem Grat, erreichst du den *Mirador El Bailadero,* der dir einen Panoramablick auf die Steilhänge und die Küste eröffnet.

großen Bäumen, von deren Ästen lange Flechten hängen. Wie Schwämme saugen sie die Feuchtigkeit aus den in dicken Schwaden aufsteigenden, nebligen Passatwolken auf. Reißt der Dunst auf, bieten Aussichtspunkte, die *miradores,* eine tolle Fernsicht. Der höchste ist mit 992 m der *Pico del Inglés,* von dem der Blick zur Atlantikbrandung bei Punta del Hidalgo und zum Strand Las Teresitas schweift. Beim Mirador Cruz del Carmen führen markierte Wanderwege durch die urwüchsige Bergwelt. Den Prospekt dazu gibt's im *Besucherzentrum* (tgl. 9.30–16 Uhr).

INSIDER-TIPP
Wanderpfad für alle Sinne

Probier's mal mit dem *Camino de los Sentidos,* einem urigen, einstündigen Rundweg in den „verwunschenen Wald". Gegenüber des Besucherzentrums kannst du dich im

DER SÜDOSTEN

HALBWÜSTE ZWISCHEN BERG UND KÜSTE

Leicht ist es nicht, der Region Charme abzugewinnen. Dürr und bleich das Land, die Ebenen zersiedelt, hier und da eine Schlafstadt. Darüber steht die Luft, vom Staub durchsetzt. Ausläufer des Passats schieben ihre milchigen Schleier vor die Sonne. Lichtblicke sind der sich zum Meer öffnende Wallfahrtsort Candelaria und El Médano mit Teneriffas längsten Naturstränden. Besser sieht es in den mittleren Höhenlagen aus, die mit Terrassenfeldern überzogen sind. Helle Bimssteinmauern, die sich schier end-

Die Basílica ist Candelarias Wahrzeichen

los durch die Landschaft ziehen, schützen sie. Angebaut werden hier Obst, Gemüse und viel Wein; auf Weiden stehen Ziegen und Schafe, aus deren Milch guter Käse gemacht wird. Mit ausreichend Zeit lohnt sich die Fahrt auf der alten, kurvenreichen Fernstraße TF-28 von Los Cristianos nach Santa Cruz. Sie gewährt weite Ausblicke und ist gesäumt von Dörfern, in denen die Menschen wie vor der Zeit des Tourismus leben, als die Tinerfeños noch unter sich waren.

DER SÜDOSTEN

ESPAÑA

Tenerife

Paisaje Lunar ★

Vilaflor
S.96

52 km, 1 Std. 10 Min.

Arico Vie

4 **Arico**

Villa de Arico
La Cisnera

El Río

6 Granadilla

San Migue
de Tajao

24 km, 25 Min.

San Miguel de Abona

San Isidro

7 Iter

Aeropuerto
Reina Sofía

Arenas del Mar

Parque De La Reina

Playa Médano

El Médano ★
S.94

5 Los Abrigos

Playa de la Tejita

Urbanización El Guincho

Araya
Las Cuevecitas
Malpaís

Virgen de Candelaria ★
● **Candelaria**
S. 90

1 Arafo
TF1

📍 **Pirámides de Güímar ★**
● **Güímar**
S. 91

2 El Puertito de Güímar

8 km, 10 Min.

El Escobonal

Fasnia

3 Porís de Abona
F1

n, 10 Min.

MARCO POLO HIGHLIGHTS

★ **VIRGEN DE CANDELARIA**
Größtes Heiligtum der Kanaren: die
dunkelhäutige Jungfrau ➤ S. 90

★ **PIRÁMIDES DE GÜIMAR**
Geheimnisvolle Steinpyramiden und
ein Schilfschiff ➤ S. 92

★ **EL MÉDANO**
Windsurfmekka der Insel und Treffpunkt
junger Urlauber ➤ S. 94

★ **PAISAJE LUNAR**
Eine „Mondlandschaft" aus bizarren
Tuffsteinsäulen ➤ S. 97

O C É A N O

A T L Á N T I C O

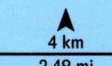
4 km
2.49 mi

CANDELARIA

(☐ L5–6) **In diesem Städtchen mit 20 000 Ew. dreht sich alles um die *Virgen de Candelaria,* die Schutzheilige Teneriffas.**

Der Jungfrau zu Ehren wird im August eine Riesenwallfahrt zelebriert, und auch in der übrigen Zeit reißt der Strom der Pilger nach Candelaria nicht ab. Angenehm ist ein Bummel durch die Altstadt mit ihren verkehrsberuhigten, teilweise steilen Gassen, den kleinen Geschäften und der weiten Plaza, die sich zum Meer hin öffnet.

SIGHTSEEING

BASÍLICA DE CANDELARIA

Die 1959 im verspielt kanarisch-neokolonialen Stil gebaute dreischiffige Basilika beherbergt das größte Heiligtum des Archipels, die ⭐ *Virgen de Candelaria.* Die verschwenderisch bekleidete, mit Krone und Juwelen geschmückte Jungfrau hat im Inneren der Kirche ihren Ehrenplatz in einer goldgerahmten, beleuchteten Kammer über dem Altar. Ein modernes Wandgemälde stellt ihre Geschichte dar: Guanchen-Hirten fanden eine Marienstatue am Strand, die sie prompt zur „magischen Mutter" erklärten. Und diese bedankt sich bis heute mit zahlreichen Wundern … Die Madonnenfigur stammt von 1827 und wurde vom tinerfenischen Künstler Fernando Estévez geschaffen, nachdem ihre Vorgängerin bei einer Sturmflut verloren ging.

PLAZA DE LA PATRONA DE CANARIAS

Der riesige Platz vor der Kathedrale wurde für die Pilgerscharen angelegt, die jedes Jahr Mitte August zur Verehrung der Virgen de Candelaria kommen. An der Uferpromenade stehen neun überlebensgroße *Bronzestatuen.* Sie wurden 1993 vom kanarischen Künstler José Abad geschaffen und stellen die *menceys* dar, die über Teneriffa herrschten, als die spanische Eroberung begann. Diese Guanchenkönige sind mit Tierhäuten bekleidet und halten Speere, Stöcke und Fäustel in den Händen. Mit ihren scharf geschnittenen, von wallendem Haar eingerahmten Gesichtern und der athletischen Statur verkörpern sie das Idealbild des edlen Wilden.

Hinter den Statuen beginnt ein dunkler, feinsandiger Strand, der sich 800 m nordwärts zieht. Folgt man von der Plaza der Küstenpromenade südwärts, kommt man zur *Cueva de San Blas.* Mit 14 m Länge und einer 5 m hohen kuppelförmigen Decke wirkt sie sehr eindrucksvoll. Hier sollen die Hirten im 14. Jh. die Madonnenfigur gefunden haben, weshalb an dieser Stelle eine Kapelle errichtet wurde. Archäologische Funde belegen, dass die Höhle aber mindestens 2000 Jahre kultischen Zwecken diente.

Verspürst du langsam Hunger? Zurück am Ausgangspunkt bietet das traditionsreiche Terrassenlokal *Plaza (tgl. | Tel. 922 50 41 31 | €€)* solide kanarische Kost. Nach einer Stärkung hast du vielleicht Lust, die steilen Gassen am Hang zu erklimmen. Der kleine Glockenturm, der aus dem

Häusergewirr hervorragt, gehört zur barocken *Iglesia de Santa Ana* (1575).

SHOPPEN

MERCADILLO

Am Eingang der zur Plaza de la Patrona führenden Fußgängerstraße findet dreimal die Woche ein kleiner Markt statt. Am Wochenende werden Kunsthandwerk, Kitsch und Devotionalien verkauft, mittwochs bieten Kleinbauern ihre Waren an: Obst, Gemüse, Käse und Wein. *Mi, Sa 9–14 Uhr*

GÜÍMAR

(▥ K6) **Die rätselhaften Pyramiden von Güímar kennen viele,** nicht aber den Ort selbst (19 000 Ew.). Von verflossenem Wohlstand erzählt die kleine Altstadt mit ihren Kirchen und Herrenhäusern. Rings um den im Valle de Güímar gelegenen Ort wird Wein angebaut: Auf terrassierten Feldern leuchtet sein Laub grün in der trockenen Ebene.

SIGHTSEEING

IGLESIA SAN PEDRO APÓSTOL

Die Kirche, anno 1610 erbaut, gefällt mit Holzdecken, der geschnitzten Kanzel und rondellförmig auslaufenden Altaraufsätzen. Interessant ist auch das illusionistische Gemälde hinter dem Hauptaltar, wodurch sich das Kirchenschiff scheinbar nach hinten verlängert. *Plaza San Pedro*

Die Statuen in Candelaria erinnern an Teneriffas einstige Herrscher

Im Schilfboot über den Atlantik: Thor Heyerdahls „Ra II"

PIRÁMIDES DE GÜÍMAR ★ ⚑

Auf einem großen Areal im Norden des Städtchens stehen sechs aus Steinen errichtete Pyramiden. Früher trockneten die Bauern hier Gemüse und Obst auf den Stufen und verschwendeten keinen weiteren Gedanken an die seltsame Architektur. Wozu auch? Der gesamte Inselosten war von mühsam errichteten Feldmauern durchzogen – und mit jeder Generation kamen neue hinzu. Es bedurfte eines fremden Blicks auf die „Steinhaufen", um ihre Schönheit und Gleichmäßigkeit wahrzunehmen. Die Anordnung der Pyramiden zueinander und die Vermessung ihres Standorts ließen den Ethnologen Thor Heyerdahl vermuten, sie könnten neben kultischen auch astronomischen Zwecken gedient ha-

ben. Sie erschienen ihm zugleich als passendes Bindeglied zwischen den altägyptischen Pyramiden in Afrika und denen der Maya in Amerika.

Ein *Ethnografischer Park (tgl. 9.30– 18 Uhr | Eintritt 15 Euro | C/ Chacona | piramidesdeguimar.es)* illustriert sehr anschaulich diese These und wirft ein neues Licht auf die Kultur der kanarischen Ureinwohner. Ein Teil des Parks ist eine Ausstellung über Heyerdahls Arbeit und seine Fahrzeuge, inklusive eines 1:1-Nachbaus der „Ra II". Mit diesem gänzlich aus Schilf gebauten, 12 m langen Schiff überquerte er 1970 den Atlantik, von Marokko bis nach Barbados. Spannend ist auch ein Spaziergang durch das *Tropicarium*. In dem Garten wuchern fleischfressende Pflanzen und gedeiht allerlei Giftiges.

Wusstest du, dass Pflanzen wie Oleander, Strelitzie oder Engelstrompete toxisch sind?

ESSEN & TRINKEN

CASONA SANTO DOMINGO

In einem Stadthaus aus dem 16. Jh. bekommst du kanarische Traditionsküche und dazu guten Inselwein. *C/Santo Domingo 32 | Tel. 922 51 02 29 | casonasantodomingo. com | €€*

FINCA SALAMANCA

Auf einer 5 ha großen Avocado-Finca südlich des Orts liegt ein Gutshaus, in dem es sich gut essen lässt. Im historischen Getreidespeicher mit unverputzten hohen Naturstein-mauern schmecken Thun-Carpaccio und Entenbrust. *Tgl. | Anfahrt über Ctra. Güimar–El Puertito, 1,5 km | Tel. 922 51 45 30 | hotel-finca-salamanca.com | €€*

INSIDER-TIPP
Speisen im Speicher

RUND UM GÜIMAR

1 ARAFO

4 km/5 Min. nördl. Güimar über die TF-523

Hier hat der Tourismus noch nicht Einzug gehalten: Schmuckstück des stillen Orts mit seinen 5000 Ew. ist die von Lorbeerbäumen beschattete Plaza mit einer kleinen Bar *(tgl. | €)*. ⅏ *K6*

2 EL PUERTITO DE GÜIMAR

5 km/10 Min. östl. von Güimar über die TF-612

Hier findest du zwar keinen Sandstrand, aber immerhin einen Badeplatz: 4 km östlich Güimar kannst du im Hafenort El Puertito de Güimar über Eisenleitern ins Meer steigen. Und eine kleine Promenade gibt es auch – mit Terrassenlokalen für einen kühlen Drink oder ein einfaches Fischgericht. ⅏ *L7*

3 PORÍS DE ABONA

18 km/20 Min. südl. von Güimar über die TF-61/TF-1

Nur etwa 2000 Seelen zählt dieses Fischerdorf. Die Hafenpromenade ist verwinkelt, und der Ort bietet die Möglichkeit, ein kühles Bad zu nehmen. Das von einer ehemaligen Berlinerin geführte *Café al Mar (tgl. | C/Martin Rodriguez 14 | €)* mit Blick auf die Bucht und leckeren Tapas ist die Anreise nach Porís durchaus wert. ⅏ *K9*

4 ARICO

35 km/1 Std. südl. von Güimar über die TF-28

Über mehrere Ortsteile entlang der Hauptstraße breitet sich das Dorf mit ca. 7000 Ew. aus. *Arico Nuevo* wird als „besondere historische Architekturanlage" in seiner Gesamtheit geschützt. Beiderseits der bergab führenden Nebenstraße liegen hervorragend erhaltene Dorfhäuser und eine stille Plaza mit Kapelle, alle akkurat geweißt und mit Türen und Fensterläden im für die Kanaren klassischen Grün. ⅏ *J9*

Der Montaña Roja, der „Rote Berg", ragt vor der Playa de la Tejita auf

EL MÉDANO

(📖 H11) ⭐ **El Médano („die Düne")
liegt 7 km östlich des Flughafens
Reina Sofía. Hier finden sich Teneriffas längste Naturstrände: Hell
und feinsandig ziehen sie sich kilometerweit die Küste entlang. Nicht
nur die Badegäste, auch die Surfer
sind begeistert. Sie schätzen den
hier vorherrschenden Starkwind,
der allerdings „normalen" Urlau-
bern so manchen Strandtag ver-
miest …**

In dem 3000 Ew. zählenden Ort geht
es unkompliziert und locker zu, hier
wohnen mehr Einheimische als Urlauber. Auf der weiten Plaza Príncipe
de Asturias rasten sowohl junge
Nordeuropäer als auch Kanarier bei
einem Bier. Guten Fisch bekommst

du hier natürlich auch – die täglich
ausfahrende Fangflotte macht's
möglich.

ESSEN & TRINKEN

CABALLO BLANCO

Wie wäre es mit Thunfisch-Canelloni,
überbacken mit Ziegenkäse? Im
„Weißen Pferd" sitzt du auf einer Terrasse am Meer und genießt ausge-
fallene Fischküche. *Fr geschl. | Paseo
El Picacho 8 | facebook: El Caballo
Blanco | €€*

SPORT & SPASS

Gleich mehrere Surfschulen haben
sich in El Médano positioniert. Sport-
liche Erlebnisse aller Art bietet das
*Tenerife Kitesurf Center (Paseo Ntra.
Sra. de las Mercedes de Roja 58 | Tel.*

Gern tummeln sich dort die Nudisten. Nördlich von El Médano liegen die steinigen *Playa del Cabezo* und *Playa de la Jaquita,* Surferstrände, an denen internationale Wettkämpfe ausgetragen werden.

AUSGEHEN & FEIERN

Zum Sundowner trifft sich die Surfer-Szene in den Bars an der Plaza und an der Promenade, z. B. im *Flashpoint.*

RUND UM EL MÉDANO

5 LOS ABRIGOS

6 km/6 Min. westl. von El Médano über die TF-643

Eckige Wohnblocks bestimmen das Bild des Orts (2000 Ew.). Doch wer zum Hafen durchfährt, merkt, warum täglich Urlauber aus dem ganzen Süden hierherkommen. An der Hafenpromenade liegen Restaurants mit Meerblick, die einfache, aber exzellente Gerichte mit Fisch und Meeresfrüchten servieren – die Ware kommt vom Boot direkt in die Pfanne! Den besten Blick aufs Meer hast du von der schmalen Terrasse des *Perlas del Mar (Mo geschl. | Tel. 922 17 00 14 | €€),* das letzte Lokal auf dem Kap. Von oben siehst du ein- und auslaufende Boote und genießt frischen Fisch, dazu Runzelkartoffeln und Mojo-Sauce. Tipp für Souvenirjäger: Jeden Dienstag findet in Los Abrigos von 18 bis 21 Uhr ein kleiner Wochenmarkt statt. *G12*

666 20 11 60 | *tenerifekitesurf.es).* Ob du abheben möchtest beim Kitesurfen oder meditativ paddelnd auf dem SUP-Brett stehen willst, hier gibt es Kurse für alles im Programm.

INSIDER-TIPP
Von Slow- bis Highspeed

STRÄNDE

Gut 2 km lang ist die *Playa Médano,* die mitten im Ort beginnt. In Ufernähe tummeln sich die Badenden – allerdings ist Vorsicht geboten, weil sich Wind- und Kitesurfer, die theoretisch weiter draußen das Wasser durchpflügen müssten, oft in die Nähe des Strands verirren. Ein Vulkankegel, die Montaña Roja, überragt den Strand. Hinter diesem „Roten Berg" in Richtung Los Abrigos folgt die grobsandige, 1 km lange *Playa de la Tejita.*

Kanarische Mondlandschaft: Paisaje Lunar

6 GRANADILLA

*11,5 km/10 Min. nördl. von El Méda-
no über die TF-64*

Der Ort in mittlerer Höhenlager hat in
seinem historischen Kern den Charme
von einst bewahrt: Das ehemalige
Kloster *Convento de San Francisco*
dient als Kulturhaus *(Sa/So geschl. |
Centro de Cultura | Plaza González
Mena).* Ein Stück weiter steht neben
der Barockkirche Iglesia San Antonio
de Padua die ehemalige Post, heute
ein Landhotel. *H11*

7 ITER

*7 km/5 Min. östl. von El Médano über
die TF-1*

Das Kürzel ITER steht für *Instituto
Tecnológico de Energías Renovables,*
sprich: Institut für Erneuerbare Ener-
gien. Im Schatten surrender Windrä-
der führt ein Lehrpfad durchs Gelände und veranschaulicht (auf
Englisch) Fotovoltaik, Windenergie
und Geothermik.
Auch gibt es hier 24
futuristische, biokli-
matische Häuser, ge-
staltet von Architek-
ten aus aller Welt, die hier ihre
Vision eines energetisch effizienten
Hauses verwirklichten: Strom
stammt aus Wind- und Sonnenener-
gie, Wasser aus der eigenen Meer-
wasserentsalzungsanlage. Die Häuser könnten unterschiedlicher nicht
sein: Sonnenspeichernde Glasku-
ben kontrastieren mit im Boden ver-
senkten Bunkern, verspielte Rund-
bauten mit strengen Quadern. Du
kannst die Häuser anmieten,
brauchst aber ein Mietauto und Oh-
ropax. *Polígono Industrial de Grana-
dilla | Tel. 922 74 77 00 | casas.iter.
es | €€ | H–J11*

INSIDER-TIPP
**Wohnen mit
gutem
Gewissen**

VILAFLOR

(F9) **Wenn du vom Süden in den
Nationalpark fährst, kommst du
unweigerlich durch diesen etwas
verschlafenen Ort. Vilaflor
(3000 Ew.) zählt zu den höchstgele-
genen Gemeinden Spaniens.**
Auf 1400 m über dem Meer breiten
sich Terrassenfelder aus, auf denen
Wein und Gemüse angebaut werden.
Ein kleiner Betrieb füllt Quellwasser
ab, das unter den Namen „Pinalito"

und „Fuente Alta" überall auf Teneriffa getrunken wird. Auch eine kunsthandwerkliche Besonderheit gibt es: Wie schon ihre Urgroßmütter stellen einige Frauen *rosetas* her, filigrane Spitzenrosetten, die zu Decken und Umhängen verknüpft werden. So bessern sie in abendlicher Fleißarbeit die Haushaltskasse auf. Du findest die Klöppelspitze in den Souvenirläden am Kirchplatz, wo dir die Frauen gern die äußerst zeitaufwendige Klöppelei veranschaulichen.

Das tägliche Leben ist gemütlich. Weit weg vom Trubel der Ferienzentren und den staubigen Küsten atmest du hier schon die frische Höhenluft der Teide-Region. Stolz reckt sich die einschiffige *Iglesia de San Pedro Apóstol* aus der Mitte des 16. Jhs. in die Höhe. An ihrer Rückseite kündet die mächtige Fassade der *Casa de los Soler* von der einstigen Macht der Adelsfamilie, die den Ort gründete.

Oberhalb von Vilaflor beginnen Wälder aus Kanarischer Kiefer. Ein Exemplar dieser Spezies, der Pino Gordo, misst 60 m – wer den breiten Stamm umarmt, hat Glück in der Liebe (so behaupten die älteren Dorfbewohner). Der Baum steht an der Serpentinenstraße TF-21, die vorbei an fantastischen Aussichtspunkten auf Teneriffas Dach führt.

INSIDER-TIPP
Rendezvous mit dem Dicken

Ein ungewöhnliches Ziel ist der ★ *Paisaje Lunar (⊞ G8)*, die „Mondlandschaft": eine bizarre Vulkanformation von „Minaretten", die Wind und Wetter in Jahrtausenden aus dem porösen Gestein gefräst haben. Doch ohne Fleiß kein Preis: Die Mondlandschaft ist nur zu Fuß auf dem markierten Weg PR-TF 72 erreichbar: entweder ab dem Kirchplatz Vilaflor (13 km/5 Std. hin und zurück) oder – noch etwas länger – ab der TF-21 bei Km 66.

ESSEN & TRINKEN

RINCÓN DEL ROBERTO

Ideal, wenn's draußen kühl ist: Nicht nur das Kaminfeuer wärmt, auch das deftige Essen tut es. Señora Araceli und ihr Mann Jesús servieren kanarische Klassiker (lecker: Kaninchen und Ziegenfleisch!), dazu herbe Inseltropfen. *Di geschl.* | *Av. Hermano Pedro 27* | *Tel. 922 70 90 35* | *€€*

SCHÖNER SCHLAFEN IN TENERIFFAS SÜDOSTEN

NATURE RESORT

Statt 08/15 radikal kanarisch: Mit seinen Ockerfarben fügt sich das *San Blas Nature Resort (331 Zi.* | *Av. Greñamora 1* | *Los Abrigos* | *Tel. 922 74 90 10* | *sandos.com* | *€€–€€€)* perfekt in die Tuffsteinlandschaft ein. In den Innenräumen wird die Pflanzenwelt der Inseln spektakulär in Szene gesetzt. Living History erlebst du im hoteleigenen Besucherzentrum, durch das du in ein Naturschutzgebiet gelangst. Eine bizarr ausgewaschene Schlucht schlängelt sich landeinwärts, mittendrin ein See, den du auf einem Boot überqueren kannst.

DER SÜDWESTEN

TOURISMUS TOTAL

Urlaub auf Teneriffa – da denken die meisten Touristen an den Südwesten. Hier liegen die schönsten Strände, herrscht das beste, weil „sonnensicherste" Wetter. Über Jahrzehnte wurde eine perfekte touristische Infrastruktur hochgezogen: Unterkünfte von basic bis superluxuriös, Einkaufszentren von Schnäppchen bis Lifestyle, Restaurants mit Küchen aus aller Welt, sowie Wassersport und Golf bis zum Abwinken. Wandern in dramatischen Schluchten ist ebenso möglich wie eine Fahrt

Benannt nach seinen gigantischen Klippen: Los Gigantes

hinaus aufs offene Meer mit einem der Whalewatching-Boote oder hinüber zur „kleinen Schwester" La Gomera.
Rasant war die Entwicklung – da ist das traditionelle Leben der Einheimischen auf der Strecke geblieben. Landwirtschaft hat nur noch eine geringe Bedeutung, die Felder liegen brach. Der Süden ist mit dem Tourismus zu Wohlstand gekommen und die Jobs in den Ferienzentren ernähren viele Dörfler. In der trockenen Region gibt es dazu kaum eine Alternative.

DER SÜDWESTEN

★ **Los Gigantes** ★
S. 116

★ **Playa de la Arena** ★

11 Chío

10 Guía de Isora

8 Playa de Alcalá

9 San Juan

O C É A N O

A T L Á N T I C O

MARCO POLO HIGHLIGHTS

★ **LOS GIGANTES**
Wahrhaft gigantisch türmt sich die
Steilküste hinter dem Ort auf ➤ S. 116

★ **PLAYA DE LA ARENA**
Sein pechschwarzer Sand macht diesen
Strand zum Erlebnis ➤ S. 117

★ **BARRANCO DEL INFIERNO**
Eine Schlucht, die immer grüner wird, je
weiter man geht, – und am Ende ein
Wasserfall! ➤ S. 114

7 Playa Paraíso

TF1

La Caleta **3**

Playa del Duque

Costa Adeje
S. 107

Playa de las Américas
S. 107

Playa del Camisó
Playa de

2 La Gomera

40 km, 40 Min.

4 km
2.49 mi

T e n e r i f e

○ Vilaflor de Chasna

E S P A Ñ A

30 km, 30 Min.

Barranco del Infierno ★

Adeje

Granadilla de Abona ○

11 km, 12 Min.

5 Arona

Miraverde

○ San Miguel de Abona

6 Águilas Jungle Park

San Isidro ○

TF1

Los Cristianos
S. 102

Parque De La Reina ○

✈

Urbanización El Guincho ○

1 Costa del Silencio

LOS CRISTIANOS

(🗺 E11) **Los Cristianos, der älteste Ferienort im Süden, ist auf den ersten Blick alles andere als eine Schönheit: gesichtslose Betten- burgen, Verkehrschaos, wenig Grün. Die Ratsherren und -damen haben die Notbremse gezogen und für die Stadt ein Facelifting angeordnet: Straßen wurden ver- kehrsberuhigt und mit Palmen bepflanzt, die Promenaden aufge- hübscht. Das freut die vielen Ur- lauber, die auf Los Cristianos schwören, denn immerhin gibt es hier auch so etwas wie einheimi- schen Alltag!**

Los Cristianos ist außerdem zu ei- nem Top-Spot für Menschen mit Be- hinderungen aufgerückt, denn die Strände, Bürgersteige und Restau- rants sind auf ihre Bedürfnisse zuge- schnitten. Und auch das *Spa & Sport Mar y Sol* gibt es hier, das einzige komplett rollstuhlgerechte Hotel der Kanaren (s. S. 119).

Die Strandpromenade wirkt wie eine Klammer zwischen dem alten und neuen Teil der Stadt. Vorne in der Bucht tummeln sich die Badenden, dahinter laufen Fischerboote und Fähren ein und aus. Fast unmerklich landet man als Spaziergänger im kleinen Viertel oberhalb des Hafens, das mit seinen engen Gassen und winzigen Hinterhöfen teilweise noch an den dörflichen Ursprung des Me- ga-Ferienorts erinnert.

EL CINE

In einer kleinen Passage in der Nähe der Promenade versteckt sich eines der ältesten Lokale des Orts – einfach und originell wie eh und je. Es gibt nur wenige Gerichte, doch die sind stets frisch. Immer dabei sind natür- lich Runzelkartoffeln *(papas arruga- das)* mit Mojo-Sauce. *Mo geschl. | C/ Juan Bariajo 8 | Mobil: 609 10 77 58 | grupoelcine.com | €–€€*

CASA TAGORO

Für einen besonderen Abend ist dies das beste Lokal weit und breit: mit Antiquitäten einge- richtet und halb offe- ner Küche, in der Ger- hard Brodtrager Kreationen zaubert, die halb vom Atlantik, halb von den Alpen inspiriert sind. Es gibt variati- onsreiche Tapas, toll sind die Degus- tationsmenüs! Das Lokal liegt etwas versteckt hinter dem Hotel Labranda Reverón Plaza. *Di–Sa 18–23, So 13– 23 Uhr | C/ del Valle Menéndez 28 | Tel. 822 66 08 33 | casatagoro.com | €€–€€€*

INSIDER-TIPP Atlantik meets Alpen

LA FORTUNA NOVA

Die reichhaltigen, supergünstigen Drei-Gänge-Tagesmenüs werden wahlweise im gemütlichen Innen- raum oder auf der luftig-schattigen Terrasse serviert. Mittags kosten sie nur 8 Euro, abends etwas mehr. Un- schlagbares Preis-Leistungs-Verhält- nis. *So geschl. | C/ del Valle Menén- dez 16 | Tel. 922 79 51 92 | €*

Los Cristianos' Yachthafen vor Bergkulisse

PICCOLO

Der italienische Name deutet es an: Antipasti, Pasta nach „römischer Art" und wechselnde Tagesgerichte – auf einer Terrasse mit Meerblick oberhalb der Playa de las Vistas. *Tgl. ab 13 Uhr | Av. Habana 11 | Tel. 922 79 67 88 | facebook: piccolotenerife | €€*

MESÓN CASTELLANO

In diesem Restaurant mit kastilisch-rustikalem Ambiente inklusive Jagdtrophäen, viel Holz und schmiedeeisernen Lüstern serviert Señor Manuel José vorzügliche Fleischgerichte, auch vom Grill. Dazu gibt es Wein vom Festland. *Di geschl. | C/ Antonio Domínguez 40 | El Camisón | Tel. 922 79 63 05 | mesoncastellano. com | €€*

SHOPPEN

LA ALPIZPA

In diesem Pavillon auf der Promenade der *Playa de los Cristianos* bekommst du kanarisches Kunsthandwerk, das von behinderten Menschen hergestellt wurde. *Mo-Sa 10–13 u. 17–20.30 Uhr*

MERCADILLO

Auf dem beliebten Sonntagsflohmarkt *(rastro)* zwischen dem Arona Gran Hotel und Strand dominiert Kommerz und Kitsch, doch hin und wieder stößt du auch auf schönes Kunsthandwerk. *So 9–14 Uhr*

LIBRERÍA BARBARA

Bei Ortrud Huck und ihrer Tochter Hanna wirst du freundlich beraten

und kannst in jeder Menge deutscher und spanischer Literatur stöbern. Auch im Angebot: Secondhandbücher. *Mo–Fr 10–13.30 u. 16.30–20, Sa 10–13.30 Uhr | C/ Juan Pablo Abril 6 | libreriabarbara.com*

SPORT & SPASS

Es gibt kaum eine Sportart, die du im Süden der Insel nicht betreiben kannst: Squash, Golf, Trampolin- und Fallschirmspringen, Drachenfliegen, Wandern, Fahrradfahren, Klettern, Segeln, Windsurfen, Jetski, Tauchen, Hochseefischen und vieles mehr. Umfangreiche Angebote findest du entlang der Strände, in den Häfen und bei diversen Veranstaltern in den Einkaufszentren. Deren Broschüren bekommst du auch in der Touristeninfo an der Playa de las Vistas.

BOOTSAUSFLÜGE

Meeresbrise, Wellenschlag und vielleicht ein paar Delphine in Sichtweite? Vom Hafen stechen bei ruhiger See tagtäglich Ausflugsschiffe in See – die Palette reicht vom Piraten-Windjammer bis zum Hochseeangeltrip. Vor Teneriffas Küste tummeln sich über 25 verschiedene Arten Meeressäuger, denen du mit etwas Glück auf einer Whalewatching-Tour begegnen kannst. Meist lassen sich Pilot- oder Grindwale und Große Tümmler sehen. Infos und Ticketverkauf bei *Mar de Ons* am Ende der Promenade fast am Hafen. *Tel. 922 75 15 76 | www.mardeons-tenerife.com*

> **INSIDER-TIPP**
> **Hallo mit Flipper und Co.**

CAMEL PARK 🐫

In *La Camella,* einem Ort im Hinterland der Südküste, werden Ausritte auf Dromedaren angeboten. *Tgl. 10–17 Uhr | Ritt (20 Min.) 15 Euro, Kinder 8 Euro | Anfahrt: TF-51, km 3,5 (Gratisbusse aus dem Süden) | Tel. 922 72 11 21 | camelpark.es*

GOLF

Du hast die Auswahl unter fünf Plätzen. Das Greenfee für 18 Löcher liegt zwischen ca. 60 Euro im Sommer und ca. doppelt so viel im Winter. Der *Amarilla Golf & Country Club (Anfahrt: Autopista del Sur, Ausfahrt Los Abrigos, Km 3 | Tel. 922 73 03 19 | amarillagolf. es)* hat einen 18-Loch-Platz und einen 9-Loch-Pitch-&-Putt-Kurs und bietet außerdem Reitställe, Tennisplätze und Pools.

Golf del Sur (Anfahrt: Autopista del Sur, Ausfahrt Los Abrigos, Km 4 | Tel. 922 73 81 70 | golfdelsur.es) ist eine 27-Loch-Anlage mit Golfschule.

Auf der attraktiven 9-Loch-Anlage des *Golf Center Los Palos (Anfahrt: Autopista del Sur, Ausfahrt Guaza, Km 1,5 | Tel. 922 16 90 80 | golflospalos.com)* werden auch auf Deutsch Golfkurse für Anfänger bis Fortgeschrittene angeboten.

STRÄNDE

Hier gibt's besten Service: Die Strände sind mit (Fuß-)Duschen, Toiletten und Rettungsstationen ausgestattet.

PLAYA DE LOS CRISTIANOS

Toll für Beachvolleyball, Tretbootfahren und ein Sonnenbad: Der 1 km lange und bis zu 100 m breite Strand liegt neben dem Fischer- und Fährhafen, deshalb ist das Wasser nicht unbedingt sauber! FKK-Freunde treffen sich am Naturstrand südlich von Los Cristianos in der Nähe der Felsklippen.

PLAYA DE LAS VISTAS

Der breite und helle 1,5 km lange Sandstrand ist dank Molen geschützt, sodass du hier fast immer sicher schwimmen kannst. Hingucker ist die Wasserfontäne, die Promenade mit etwas Grün macht eine nette Kulisse.

Gelegenheiten für Wassersportfans gibt es, und nicht zu wenig

Costa Adejes nobles Resort Bahía del Duque

Holzplanken führen bis fast ans Ufer und Baywatcher helfen gehbehinderten Menschen ins Wasser.

AUSGEHEN & FEIERN

Die kleine Szene versammelt sich um die Promenade, den *Paseo Marítimo*. Oberhalb der *Playa de las Vistas* (Eingang von der Av. de Habana) reihen sich mehrere Cocktailbars aneinander. Der Klassiker hier ist das *Agua de Coco* mit guten Mojitos und Strandblick.

FESTE

Kaum ein Monat ohne Fiesta in Los Cristianos und der Gemeinde Arona: Der Reigen beginnt mit dem *Carnaval* im Februar/März, zieht sich über die *Arona Fashion Week* im Mai und die Multikulti-*ARN Culture Pride* im Juni bis hin zur traditionellen Schiffsprozession zu Ehren der Schutzpatronin Carmen Anfang September. In den Wintermonaten werden am Wochenende Folk-Events veranstaltet: Dann ziehen lautstark Musiker und -tänzer über die Promenade.

RUND UM LOS CRISTIANOS

■ COSTA DEL SILENCIO

12 km/10 Min. südöstl. von Los Cristianos auf der TF-655/TF-66

„Küste der Ruhe" – diese Bezeichnung ist für den äußersten Südzipfel Teneriffas fehl am Platz. Denn immerhin landen in der Hochsaison fast im Minutentakt Jumbojets und Airbusse auf dem nahen Flughafen. Auch die Landschaft hinter dem Ort ist nicht gerade eine Wucht: Bananenplantagen hinter hohen Mauern und Gemüseplantagen unter Plastikplanen lassen keinerlei Romantik aufkommen.

Der ehemalige Fischerort *Las Galletas* besitzt immerhin eine kleine Promenade mit Fischlokalen wie das einfache *La Marina (tgl. | €–€€)* und das etwas schickere *Le Grand Bleu (tgl. | €€). ⌑ F12*

▣ LA GOMERA

40 km/40 Min. westl. von Los Cristianos (mit der Fähre)

Von der Hafenmole in Los Cristianos saust das Tragflächenboot *Fred. Olsen Express (hin u. zurück ab 68 Euro/Person) | Tel. 902 10 01 07 | fredolsen.es)* mehrmals täglich in 40 Min. zur Nachbarinsel La Gomera – ein interessantes Ziel für einen Tagesausflug (s. auch MARCO POLO La Gomera/El Hierro). Geringfügig günstiger ist die etwas langsamere Fähre der Reederei *Naviera Armas (Tel. 902 45 65 00 | navieraarmas.es). ⌑ 0*

PLAYA DE LAS AMÉRICAS/ COSTA ADEJE

(⌑ E11) **Nördlich an Los Cristianos schließt sich nahtlos die Touristenhochburg Playa de las Américas an,** **auf die im Norden die nobleren Resorts** *Costa Adeje* **und** *Bahía del Duque* **folgen. Ein Reigen guter Strände, feinsandig und durch Wellenbrecher geschützt, mit „allem Drum und Dran" sorgt dafür, dass sich Urlauber hier pudelwohl fühlen.**

Hinter der Promenade liegen Hotels und Apartmentanlagen, Shoppingcenter mit Outdooragenturen und Restaurants, in denen du dich bei englischer, skandinavischer oder deutscher Küche wie zu Hause fühlen kannst – doch keine Sorge: auch ein paar spanische Lokale sind dabei! Während Playa de las Américas schon etwas in die Jahre gekommen ist, sind Costa Adeje und mehr noch Bahía del Duque ruhiger und schöner. Mit noblen Hotels umwerben sie eine betuchte Klientel, doch ihre Strände sind allen frei zugänglich. Vom Yachthafen Puerto Colón kannst du zum Whalewatching und zu anderen Bootstouren starten.

SIGHTSEEING

PASEO MARITIMO

Traditionelle Sehenswürdigkeiten gibt es keine. Dafür lässt es sich auf der attraktiven, von Palmen beschatteten Promenade gut bummeln. Volle 12 km verläuft sie längs der Küste – bis La Caleta kannst du spazieren, wenn du magst!

In jedem Fall ein Hingucker ist das auf einem Kap zwischen Playa de las Vistas (s. S. 105) und Playa del Camisón thronende *Arts Lifestyle & Shopping (Francisco Andrade Fumero 1 | artstenerife.com).* Mit seinen Skulp-

PLAYA DE LAS AMERICAS

- Casino Playa de las Américas
- La Casita de Taby
- Playa del Duque
- Avenida de los Pueblos
- Magma
- Avenida Quinto Centenario
- Playa de Troya
- El Gomero
- Papagayo Beach Club
- Puig Lluvina
- Siam Mall
- Rafael
- Playa de las Américas
- Avenida Santiago Puig
- Cuesta
- Lluvina
- Puig
- Calle Noelia Afonso Cabrera
- Arquitecto Gómez
- Sugar & Spices
- Rafael
- Avenida
- Antonio
- Avenida
- Domínguez
- Av. Las Américas
- Artenerife
- Pirámide de Arona
- Playa del Camisón
- Friends Lounge Bar

400 m
437 yd

turen und Installationen könnte es glatt als Open-Air-Galerie durchgehen.

BUMMELZUG

Genug zu Fuß unterwegs gewesen? Dann setzt euch in den weißen Elektro-Bummelzug, der mit euch eine Tour durch die Straßen von Los Cristianos

und Playa de las Américas macht. *Tgl. 10–22 Uhr | 10 Euro, Kinder die Hälfte | Abfahrt: Ecke Av. Rafael Puig Lluvina/ Av. Santiago Puig*

ESSEN & TRINKEN

EL GOMERO

In dem schlichten, rustikalen Restaurant findest du eine breite Palette guter und günstiger spanisch-kanarischer Gerichte, z. B. Tintenfisch, Paella und als Nachtisch Gofio-Mousse. Das Mittagsmenü ist auch preiswert. *| Av. V Centenario 1 | Tel. 922 75 07 13 | €–€€*

INSIDER-TIPP
Kanarische Antwort auf Pizza und Co.

LA CASITA DE TABY

In einem schnöden Einkaufszentrum versteckt sich diese kleine Tapas-Bar. Die engagierten Besitzer tischen die ganze Palette spanischer Hausmannskost auf – von Kartoffelsalat über Käse- und Wurstplatten bis zu Tintenfisch. Stimmungsvoll ist es am Abend, wenn du die beleuchtete Promenade vor Augen hast. *Tgl. | Av. Rafael Puig Lluvina | C.C. Salytien | Mobil: 651 98 87 57 | facebook | €*

SUGAR & SPICES

Seinem Namen zum Trotz werden in diesem trendigen, weiß-schwarz gestylten Lokal vor allem italienische Klassiker serviert: Pizza und Pasta wie Pappardelle mit Steinpilzen, Gnocchetti in Weißweinsauce oder Tortellini mit Spinat, aber auch Barsch „Diana", garniert mit Muscheln und Garnelen. *Tgl. | Av. Rafael Puig Lluvi-*

na | Village Club | Tel. 922 79 22 71|
facebook: sugarspicestenerife | €€

PAPAGAYO BEACH CLUB

Tolle Lage an der Promenade unter Palmen, untermalt vom Meeresrauschen,
weißes Styling und dazu den ganzen
Tag über eine große Cocktailkarte mit
kleinen Snacks. Abends mehrmals wöchentlich DJ-Sessions und Flamenco
live. *Tgl. 10–3, am Wochenende bis
6 Uhr | Paseo Marítimo/Av. Rafael Puig
Lluvina | an der Grenze zu Costa Adeje |
Tel. 922 78 89 16 | papagayobeachclub.
com | €*

FRIENDS LOUNGE BAR

Der Name sagt schon alles: Hier
herrscht lockeres, informelles Ambiente an der Uferpromenade, freundli-
cher Service und dazu eine unkompli-
zierte Küche. Auch wer nur auf ein
Getränk vorbeikommt, ist willkom-
men. *Tgl. | Paseo Tarajal | CC Compos-
tela Beach | Tel. 922 78 94 66 | friend-
stenerife.com | €–€€*

SHOPPEN

Dutzende Einkaufszentren, hier *Centro Comercial (CC)* genannt, bieten
dir jede nur vorstellbare Einkaufs-
möglichkeit – von A wie Andenken
bis Z wie Ziegenkäse.

ARTENERIFE

An einen zersägten Schiffsrumpf erinnert der Pavillon der staatlichen Kunst-
handwerkskette an der Playa de Troya.
Hier bekommst du garantiert kanarische Produkte – jedes Stück ein Unikat.
Mo–Fr 10–20.30, Sa 10–13 Uhr | Av. del

Playa de las Americas' Promenade

Litoral | weiterer Artenerife-Shop am westl. Ende der Playa de las Vistas

SIAM MALL ⚲

Ein Gratis-Bus bringt dich zum schönen, exotisch gestylten Einkaufszentrum neben dem Siam Park. Nicht nur Markenläden (Mango, Zara etc.) locken, auch die netten Lokale kommen gut an. Für Kinder gibt es einen Spielplatz und für Autos einen Gratis-Parkplatz. Tgl. 10–22 Uhr | Av. Siam 3 | Gratis-Shuttle alle 30 Min. ab vielen Hotels | ccsiammall.com

SPORT & SPASS

Wie im Nachbarort gibt es hier ein großes Angebot an Outdoor-Aktivitäten.

BOOTSTOUREN UND TAUCH-FAHRTEN

Alle Anbieter haben sich im Hafen Puerto Colón angesiedelt. Zweistündige Katamarantrips mit und ohne Essen an Bord buchst du bei Bonadea (Tel. 922 71 45 00 | bonadea2catamaran.com) ab 25 Euro. 49 Euro bezahlt man für die Exkursion auf dem hölzernen Zweimaster „Shogun" (Tel. 922 79 80 44). Royal Delfin (ab 45 Euro | Tel. 922 75 00 85 | tenerifedolphin.com) veranstaltet täglich Bootstouren nach Los Gigantes und Masca. Bei Safari BOB Diving (55 Euro für 20 Min. | Mobil: 670 83 95 16 | face-book) reitest du vom Propeller angetrieben inmitten der Fische auf dem Meeresboden in 5 m Tiefe und atmest durch eine Taucherglocke.

INSIDER-TIPP
Im Seabob auf den Meeresgrund

GOLF

Die 18-Loch-Anlage Golf Las Américas (Anfahrt: TF-1, Ausfahrt Nr. 28 | Tel. 922 75 20 05 | golflasamericas.com) liegt auf 90 ha Land direkt am Ort. Das Greenfee beträgt je nach Saison 59–102 Euro, Onlinebuchung ist möglich.

Die 27-Loch-Anlage Costa Adeje Golf (Finca de los Olivos | Anfahrt: TF-1 nach Guía de Isora, Abfahrt nach La Caleta | Tel. 922 71 00 00 | golfcostaadeje.com) ist perfekt in die Umgebung integriert. Greenfee: 98 Euro für die 18-Loch-Runde. Angeschlossen ist eine Golfschule mit Übungsplatz.

AQUALAND 🎭

Im Salzwasserfreizeitbad habt ihr Spaß mit Pools, Wasserfällen, -rutschen und -röhren. Auf einem seichten Fluss könnt ihr euch durch die Anlage treiben lassen und im Delphinarium laufen mehrmals täglich Shows. Tgl. 10–17 Uhr | Eintritt 28, Kinder (3–4 J.) 11,50, (5–10 J.) 20 Euro, Shows kosten extra | San Eugenio Alto | Autopista del Sur, Ausfahrt 29 | aqualand.es/tenerife

SIAM PARK 🎭

Von der Architektur Thailands inspiriert, präsentiert sich der Siam Park als ein „Königreich des Wassers". Auf 14 ha Fläche mit Tempeln, Riesendrachen und einem auf Stelzen stehenden Markt sorgen acht Wasserrutschen für Kicks aller Art. So gleitest du z. B. in einer transparenten Röhre blitzschnell durch ein Haibecken, in einer künstlichen Badebucht mit weißem Strand werden bis zu 3 m hohe Wellen erzeugt. *Tgl. 10–17 Uhr | Eintritt 34, Kinder 23 Euro, Kombiticket mit Loro Parque 58/39,50 Euro | Autopista del Sur, Ausfahrt 28 | Gratisbusse ab vielen Hotels, tgl. 9.30–18.30 Uhr, alle 30 Min. | siampark.net*

WELLNESS

THALASSO UND THERME ☂

Das *Mare Nostrum Spa (tgl. 10–19 Uhr | Tel. 922 75 75 40 | marenostrumspa.es)* im Hotel Mare Nostrum Resort glänzt durch exklusives Ambiente und vielfältige physiotherapeutische Behandlungsmöglichkeiten, Beauty- und Kurangebote auf etwa 1600 m². Sehr einladend ist auch der *Aqua Club Termal (tgl. 9–22 Uhr | C/ Calicia | Tel. 922 97 92 87 | aquaclubtermal.com)* in Torviscas Alto, eine Bäderlandschaft mit Hydromassagen, Römischer Therme, Meerwasserpool, Sauna und vielem mehr. 2,5 Std. kosten 21 Euro (20–22 Uhr etwas weniger). Massagen, Lymphdrainage und anderes werden extra berechnet.

Das schönste Ambiente hat das *Thai Zen SPAce (tgl. 9–21 Uhr | elmiradorgranhotel.com)* im Hotel El Mirador. Du badest in einem minimalistisch gestylten Thalassobad, in dem Wasserdüsen deinen Körper massieren, sowie in einem 25 m² großen Jacuzzipool. Außerdem gibt es Erlebnisduschen, warm-kalte Kontrastbecken und einen Hamam. Wie der Name verrät, setzt dieses Spa auf asiatische Entspannungstechniken:

Ein Hauch von Thailand im Siam-Wasserpark

Ausgebildete Physiotherapeuten verabreichen Ayurveda-, Thai- und Yogamassagen und verwenden dabei ausschließlich natürliche Öle und Essenzen.

INSIDER-TIPP
Relaxen wie in Fernost

STRÄNDE

Unterhalb der Promenade von Playa de las Américas und Costa Adeje wurden 👥 viele kleine Strände von Menschenhand angelegt, alle hell und feinsandig, durch künstliche Riffe oder Molen vor der Brandung geschützt und daher wunderbar für Kinder geeignet. Von der *Playa de Troya* im Süden bis zur *Playa La Pinta* hinter Puerto Colón reihen sich die Strände dicht aneinander. Ruhiger und geräumiger sind die Strände weiter im Norden.

PLAYA DEL CAMISÓN

Ganz am Südzipfel und schon mit Blick auf Los Cristianos befindet sich diese Perle von einem Strand: 500 m heller Sand liegen unterhalb der Promenade und des Mare Nostrum Resorts zu Füßen einer palmenbestandenen Böschung. Kein Straßenverkehr stört, Cafeterias und chillige Beachclubs versorgen die Sonnenanbeter mit Speisen und Getränken. Gehst du ein Stück weiter die Küstenpromenade entlang, gelangst du zum Top-Spot: Fans prächtiger Sonnenuntergänge finden die schönste Kulisse in der *Chiringuito Bar (tgl. | €–€€)* vor dem Hotel *Villa Cortés*: Hier kannst du abends übers Meer zur Insel La Gomera blicken, einen Drink bestellen und die Gedanken schweifen lassen! Währenddessen reiten Surfer ein letztes Mal für diesen Tag ihre geliebten Wellen ab …

INSIDER-TIPP
Sundowner mit Stil

PLAYA DEL DUQUE

Der nördlichste ist auch der feinste Strand. Kein Wunder, heißt er doch „Strand des Herzogs". 600 m heller Sand mit blau-weißen Pavillons als Umkleidekabinen, überragt von feudalen Grandhotels.

PLAYA DE FAÑABÉ

800 m lang und unterhalb des gleichnamigen ruhigen Resorts ge-

legen, verspricht dieser Strand relaxtes Sonnen- und Badevergnügen. Auch hier gibt es mit der *Seasoul Lounge (tgl. ab 11 Uhr | Iberostar Hotel Anthelia | seasoulbeachclubs. com)* einen tollen Ort, um es sich gut gehen zu lassen: Auf einer leichten Anhöhe am Nordende der Playa genießt du unter weißen Segeldächern den Meerblick, bei Chillout-Musik und leckeren Cocktails oder frischer Fischküche.

AUSGEHEN & FEIERN

Wenn die Neonlichter zu flimmern beginnen, genehmigst du dir einen Sundowner, spazierst über die Promenade oder gehst essen. Im *Shoppingcenter Verónica,* der Amüsiermeile entlang der Hauptstraße bei der Playa de Troya, treffen sich die ganz jungen Leute z. B. im *Kaluna Beach Club.* Die Generation 20 plus tummelt sich gern im entspannten Musikpub *Magic (tgl. ab 22 Uhr Livemusik | Av. de las Américas | magicbartenerife.com).*

In der Pirámide de Arona nebenan befindet sich das *Hard Rock Café (hardrock.com/cafes/tenerife)* mit weiteren Liveevents. Schwule finden die aktuell angesagten Adressen unter *gaytenerife.net.*

CASINO PLAYA DE LAS AMÉRICAS

Im Untergeschoss des Hotels Gran Tinerfe werden Glücksspiele angeboten – von Blackjack bis Roulette. *Mo-Do 20-3, Fr-So 20-4 Uhr | Eintritt frei (Ausweis mitbringen!) | Av.*

Rafael Puig Lluvina 13 | Tel. 922
79 37 58 | casinostenerife.com

PIRÁMIDE DE ARONA 🏖

Im Auditorium der imposanten Pyramide im Las-Vegas-Look finden u. a.
Ballett- und Flamenco-Abende der
berühmten Choreografin Carmen
Mota statt, auf Wunsch mit Dinner.
*Termine im Infokiosk an der Av. de las
Américas | Tel. 922 75 75 49 | pirami-
dedearona.koobin.com*

MAGMA

In diesem Avantgardebau nahe der
Autobahn werden Popevents, Klas-
sik- und Folklorekonzerte veranstal-
tet. *Av. de los Pueblos | TF-1, Salida
28 | tenerifemagma.com*

RUND UM PLAYA DE LAS AMÉRICAS/ COSTA ADEJE

🟪 LA CALETA

*4 km/50 Min. nördl. von Las Américas
(zu Fuß auf der Promenade)*

Einst war dies ein Fischerort, von
dem aus man auf die neuen Resorts
schaute. Heute ist La Caleta längst
eingemeindet: Das unterstreichen
nicht nur mehrere Luxushotels und
ein Golfplatz, sondern auch eine auto-
freie Promenade, auf der man bis

Blau schimmerndes Meer, feiner Sand, Palmen und Sonnenschirme: Playa del Duque

Los Cristianos laufen kann. Aus La Caletas alter Zeit erhielten sich die Fischlokale, die freilich längst keine urigen Pinten mehr sind, sondern komfortable Großrestaurants. Direkt am Wasser liegt das Lokal *La Caleta (tgl. | C/ del Muelle 19 | Tel. 922 78 06 75 | €€)*. Toll sitzt man auf der offenen Arkade über den Felsen. Die große Karte hat alles, was das Herz begehrt – eine breite Tapas-Auswahl und Fisch; leider schwankt die Qualität der Fischgerichte. Besten Ruf genießt hingegen das gleichfalls aussichtsreiche Terrassenlokal *La Masía del Mar & Piscis (tgl. | C/ del Muelle 3 | Tel. 922 71 08 95 | masiadelmar. com | €€)* nebenan: Die üppige Fischsuppe wird in einem kleinen Kupferkessel serviert, und die Meeresfrüchte kannst du dir aus dem Aquarium angeln lassen. *D10*

4 ADEJE

7 km/10 Min. nördl. von Las Américas über die TF-1

Der etwas verschlafene Gemeindeort ist für die meisten nur ein Durchgangsort zur Höllenschlucht *(Barranco del Infierno)*. Dabei hat er durchaus Interessantes zu bieten: Zu Beginn des 16. Jhs. errichteten spanische Eroberer die Kirche *Santa Úrsula (C/ Grande)* mit schön geschnitzten Deckenbalken. Später kam ein herrlicher Barockaltar hinzu. Fast noch schöner ist aber der Kirchplatz, der sich mit Terrassen zur Schlucht öffnet. Hier kannst du einen ersten Blick in den tiefen Barranco del Infierno werfen!

Beschaulich geht es zu beim *Agromercado (Sa, So 8–14 Uhr | C/ Archajara)* in der 🛖 Markthalle, auf dem Bauern aus der Umgebung ihre Produkte anbieten: Obst, Gemüse, Ziegenkäse, Anisbrot u. v. m. 400 m nördlich, am oberen Ende der *Calle de los Molinos* lädt das Restaurant *Otelo (tgl. | Tel. 922 78 03 74 | facebook: Restauranteotelo1tf | €–€€)* zur Rast mit Panoramablick ein. Dort beginnt auch die schöne Wanderung hinein in den ⭐ *Barranco del Infierno (tgl. 8–14.30 Uhr, Schlucht bis 18 Uhr zugänglich | Wanderzeit hin u. zurück ca. 3 Std, 6,5 km | Eintritt 15 Euro | Zutritt nur nach vorheriger Reservierung online bzw. im Infohäuschen am Eingang zur Schlucht | barrancodelinfierno.es)*. Achtung: Es besteht Helmpflicht (ausleihbar) wegen Steinschlaggefahr! Auf einem ehemaligen Hirtenweg gelangen Wanderer in die raue Bergwelt, die hier ohne Schatten und fast vegetationslos ist. Erst später, wenn man sich der engen, schattigen „Höllenschlucht" nähert, durch die ein Bach sprudelt, kommt dichter Pflanzenwuchs zum Vorschein. Wenn es zuvor genug geregnet hat, gibt es am Ende der Klamm sogar einen Wasserfall zu bestaunen, der etwa 80 m herabstürzt. *E10*

5 ARONA

8 km/10 Min. nördl. von Las Américas über die TF-28/TF-51

Der verschlafene Gemeindehauptort, vom Roque del Conde überragt, lässt nicht ahnen, dass ihm mit Los Cristianos und Playa de Las Américas

Farbenprächtige Schnitzkunst: Altaraufsatz und Decke der Iglesia Santa Ursula in Adeje

zwei nie versiegende Goldgruben unterstehen. Von den milliardenschweren Einkünften bleibt nur wenig in Arona hängen: Immerhin leistete man sich ein attraktives Rathaus an einem von Lorbeerbäumen überschatteten Platz. Gleich daneben erhebt sich die Kirche aus dem Jahr 1627. ▯ E–F10

6 ÁGUILAS JUNGLE PARK

9 km/10 Min. nordöstl. von Las Américas über die TF-1/TF-28
Ein Dschungel auf Teneriffa? Oberhalb der Ferienorte wurden auf einer Fläche von 7 ha Exoten gepflanzt, mittendrin Teiche und Wasserfälle angelegt. In diesem Refugium leben Adler, Kondore, Falken, Eulen und andere Greife, die du bei der Fütterung und beim Beutefang sehen

kannst. Außerdem gibt es weiße Tiger, Löwen, Pinguine, Flusspferde, Krokodile und Orang-Utans. Kaktusgarten, Klettergeräte und Tretboote auf einem Minisee runden das Angebot ab. *Tgl. 10–17.30 Uhr | Eintritt 27, Kinder 3–4 J. 10,50, 5–10 J. 19 Euro | Anfahrt: Ctra. Los Cristianos–Arona, Km 3 (TF-1, Ausfahrt 27) | Gratisbusse aus den Ferienorten des Südens | aguilasjunglepark.com | ⏱ 3–4 Std. ▯ E11*

7 PLAYA PARAÍSO

11 km/15 Min. nordwestl. von Las Américas (über die TF-1/TF-47)
Der Name „paradiesischer Strand" ist arg hoch gegriffen. Doch immerhin gibt es eine kleine Badebucht mit hellem und eine mit dunklem Strand. Hingucker des Orts ist das

Doppelhochhaus des *Hard Rock Hotels*. Schick gestylt – ohne das Thema Musik allzu stark zu strapazieren – ist die Rooftop-Bar *The 16th (Av. de Adeje | Tel. 971 92 76 91 | hardrockhotels.com/tenerife)*. **INSIDER-TIPP** **Zum Cooldown aufs Dach** Hier oben auf der großzügigen Dachterrasse mit Wahnsinnsausblick kannst du fast jeden Abend Livemusik genießen: Blues, Jazz, Funk ... ⌑ *D10*

LOS GIGANTES

(⌑ C8) **Einst gab es hier nur den kleinen Fischerort Puerto de Santiago. Doch mit dem Tourismusboom rückten ihm zwei neue**

Siedlungen auf den Leib: Playa de la Arena ist nach dem gleichnamigen Lavastrand benannt und ★ Los Gigantes nach den „gigantischen" Klippen, die im Norden 450 m aus den Fluten aufschieben. Die großartige Landschaft kontrastiert mit oft gesichtslosen, dicht aneinandergebauten Bettenburgen, die sich gleichen wie ein Ei dem anderen.

An den „Giganten", die sich mehrere hundert Meter senkrecht aus den Fluten erheben, ist die Küstenstraße zu Ende. Los Gigantes heißt auch der zugehörige Ferienort, der sich mit engen, steilen Straßen an die Felsen schmiegt. Am entspanntesten geht es am Yacht- und Fischerhafen Poblado Marinero zu: Während vorn im Yachthafen Boote schaukeln, ragen hinter ihnen die Felsmassen aus dem Meer.

Immer ein großes Hallo auf einer Bootstour – Delphine

ESSEN & TRINKEN

RESTAURANTE PANCHO

Das Strandlokal in Playa de la Arena bietet feine Küche, die schon viele Preise eingeheimst hat. Gut schmeckt z. B. die Räucherfischplatte, aber auch die in Honigsauce gegarte Entenbrust. Wer sich etwas Besonderes gönnen will, bestellt das ausgezeichnete Sechs-Gänge-Menü der Saison, das nur gut 40 Euro kostet. *Mo geschl. | Av. Marítima 26 | Tel. 922 86 13 23 | restaurantepancho.es | €€*

INSIDER-TIPP Slowfood am Strand

DELI ON THE HILL

Frischer Salat, Snacks, Sandwiches und hausgemachter Kuchen, dazu ein freundliches Ambiente: ein guter Ort für eine Pause zwischendurch. *So geschl. | Ctra. General Puerto Santiago 32 | Mobil: 628 50 01 63 | deli onthehill.eu | €*

EL RINCÓN DE JUAN CARLOS

Ein Restaurant mit Michelin-Stern – in dieser Lage? Ja! Versteckt in einem Hof hinter der Kirche von Los Gigantes liegt das El Rincón. Die Gastroprofi-Familie Padrón kreiert hier kreativ-kanarische Gerichte, die dich geschmacklich wie optisch überzeugen werden. Von Hektik keine Spur, die entspannte Stimmung überträgt sich sofort auf die Gäste. *Nur abends, So geschl. | Pasaje Jacaranda 2 | Tel. 922 86 80 40 | elrincondejuancarlos.com | €€€ (Menüs ab 55 Euro)*

INSIDER-TIPP Eine Perle der Gastronomie

SPORT & SPASS

BOOTSTOUREN

Am eindrucksvollsten wirken die Giganten vom Boot aus, das dich ganz nah an die Klippen heranbringt. Fahrten unternimmt u. a. der ehemalige Krabbenkutter „Katrin", der auch zur Delphinbeobachtung schippert *(tgl. ab 11.30 Uhr | 2-Std.-Törn 25 Euro | 100 m vor der Hafenzufahrt rechts | Tel. 922 86 03 32).* Die Beobachtung von Walen und Delphinen steht auch auf dem Programm der „Nashiro Uno". Der Katamaran verlässt den Hafen für ein- bis dreistündige Touren *(tgl. 10.45, 13.45 u. 16 Uhr | 20–40 Euro je nach Dauer | Tel. 922 86 19 18 | mariti maacantilados.com).*

STRÄNDE

PLAYA DE LA ARENA ⭐ 🌴

Schön ist es hier, am gut 300 m langen Strand aus feinem pechschwarzen Sand. Giftgrüne Palmen bilden dazu einen prächtigen Kontrast. An der Playa wird die stärkste Sonneneinstrahlung der Insel gemessen. Regelmäßig erhält sie die Blaue Flagge zugesprochen, Zeichen hoher Strand- und Wasserqualität. Auch die Infrastruktur ist gut: Liegen (zum Mieten), Toiletten und Rettungsschwimmer.

PLAYA DE LOS GUÍOS

An den Fischer- und Yachthafen des Poblado Marinero schließt sich die schwarzsandige, 200 m breite Playa de los Guíos an: herrlich gelegen am

Die TF 38 hinter Chío führt zum Teide-Nationalpark – Ausblicke inklusive

Fuß der Klippen, aber mit Steinschlaggefahr – roll dein Handtuch lieber nah am Wasser aus!

RUND UM LOS GIGANTES

8 PLAYA DE ALCALÁ

6 km/10 Min. südl. von Los Gigantes über die TF-47

In Alcalá setzt das Resort *Palacio de Isora* Fünfsterne-Maßstäbe. Die weite Anlage im südspanischen Stil liegt am Steinstrand mit Blick auf die Nachbarinsel La Gomera. Die Gegenwelt dazu bietet der Fischerort mit seinen schlicht-nüchternen Häusern, aber auch der nette Hafen, in dem die Uhren stillzustehen scheinen. 🕮 *C8*

9 SAN JUAN

8,5 km/12 Min. südl. von Los Gigantes über die TF-47

Vor San Juan erhebt sich wie eine rostrote Fata Morgana *The Ritz Carlton Abama,* ein riesiges Luxusresort im Stil einer marokkanischen Zitadelle mit eigenem Golfplatz. Auf mehreren Ebenen reichen die Villenanlagen bis hinunter zum Meer. Ein Park, sieben Pools, Spa und eine Bergbahn zur hellen Badebucht – alles ist vom Feinsten.

San Juan selbst wirkt von der Durchgangsstraße aus farblos, doch der Weg zum Hafen, der sich das Flair von einst bewahrt hat, lohnt sich. Es gibt hier einen künstlich angelegten, attraktiven Sandstrand mit Promenade und Terrassenlokalen. 🕮 *C9*

10 GUÍA DE ISORA

16 km/26 Min. südöstl. Los Gigantes über die TF-454 und TF-82

In diesem Gemeindeort der mittleren Höhenlagen leben viele Ange-

Marmeladen und Chutneys aus exotischen Früchten, Mojo-Saucen und Sambals in diversen Geschmacksrichtungen, Feigen- und Nusskuchen, Weine und -Liköre.

INSIDER-TIPP
Da läuft das Wasser im Mund zusammen!

Nördlich von Chío beginnt die TF-38, eine der drei Zufahrtsstraßen zum Teide-Nationalpark, eine herrliche Autostrecke, die erst durch Ackerland und dann in die fast vegetationslose Vulkanregion in 2000 m Höhe führt.

Die TF-375 bringt dich zum Töpfermuseum nach Arguayo (s. S. 30). Willst du weiter nach Santiago del Teide, wählst du die TF-82 via Tamaimo oder die parallel verlaufende Autobahn TF-1. □□ D8

stellte der Ferienstädte in schnell hoch gezogenen Zweckbauten. Willst du Guía de Isora (5200 Ew.) von der schönen Seite erleben, steuer das historische Zentrum oberhalb der Durchgangsstraße an. Auf dem Kirchplatz erinnert die schmucke Kirche *Iglesia Nuestra Señora de la Luz* daran, dass hier schon im 16. Jh. Wohlstand erwirtschaftet wurde. □□ D8

11 CHÍO

12 km/20 Min. östl. von Los Gigantes über die TF-454 und TF-82

Wer ein Faible für Delikatessen hat, sollte einen Abstecher nach *Chío* unternehmen. Im wunderbaren, von Gerrit und Amanda geführten Laden *Delicias del Sol (Mo–Fr 10–15, Sa 10–14 Uhr | an der Hauptstr. TF-82 bei Km 32,5 | deliciasdelsol.eu)* ist alles sonnengereift und bio, und es darf gratis probiert werden! Hier bekommst du, was dein Herz begehrt:

SCHÖNER SCHLAFEN IN TENERIFFAS SÜDWESTEN

SPA & SPORT

Letizia, die spanische Königin, kam hierher, um die Vorbildfunktion dieses europaweit wohl besten Hotels für Menschen mit Behinderung mit einem Preis zu beschenken: das *Spa & Sport Mar y Sol (Av. Amsterdam 8 | Tel. 922 75 05 40 | marysol.org | €€)* in Los Cristianos, in dem alles barrierefrei ist – vom Thermalpool mit Einstiegshilfe über Sporthalle, Tauchschule und Golfkurs. Herr Fischer, der Besitzer, erklärt stolz: „Dies ist ein All-inclusive-Hotel der ganz besonderen Art: Die Inklusion aller Menschen ist das Ziel – da spielt es keine Rolle, ob sie eine Behinderung haben oder nicht."

ERLEBNIS TOUREN

Lust, die Besonderheiten der Region zu entdecken? Dann sind die Erlebnistouren genau das Richtige für dich! Ganz einfach wird es mit der MARCO POLO Touren-App: Die Tour über den QR-Code aufs Smartphone laden – und auch offline die perfekte Orientierung haben.

❶ TENERIFFA PERFEKT IM ÜBERBLICK

➤ Auf Spaniens höchsten Berg!
➤ Traumhafte „Mondlandschaften" in kristallklarer Luft
➤ Strände von fürstlich bis pechschwarz

📍	Puerto de la Cruz		Puerto de la Cruz
🔄	260 km		2 Tage, reine Fahrzeit 7 Std.

ℹ️ Auf den Bergstraßen kommt man nur langsam voran. Achtung: Bei Schneefall kann die Zufahrt zum Nationalpark gesperrt sein!

Der rot blühende Teide-Natternkopf trotzt dem Klima

STIMMUNGSVOLLE ORTE

Es lohnt sich, früh loszufahren, denn der größte Besucherandrang im Nationalpark und an der Teide-Seilbahn herrscht gegen Mittag. Vom Startpunkt in ❶ **Puerto de la Cruz** ➤ S. 42 *geht es in Richtung Süden* durch das dicht besiedelte **Valle de la Orotava** ➤ S. 51 zunächst in das malerische Städtchen ❷ **La Orotava** ➤ S. 50. Romantische Plätze und Straßen, Kirchen und Klöster erinnern an die koloniale Vergangenheit. *Weiter auf der TF-21 passierst du oberhalb von Aguamansa* den grünen Krater **La Caldera** ➤ S. 55, heute ein Picknickplatz und Startpunkt vieler Wanderwege im Kiefernwald. Ein interessantes Werk der Natur ist zwischen Km 22 und 23 **La Margarita de Piedra**, eine große, bei Vulkanausbrüchen entstandene Basaltrosette.

GIPFELFAHRT IM NATIONALPARK

Auf 2000 m Höhe lichtet sich der Wald, nackter Fels tritt hervor. Als „Pförtchen" in den Cañadas-Riesenkrater und in den **Nationalpark** ➤ S. 62 präsentiert sich ❸ **El Portillo** ➤ S. 64, ein attraktives Besucherzentrum. Ein Steingarten zeigt all die Gewächse, die sich ans alpine Extremklima gewöhnt haben; das prachtvollste ist der Teide-Natternkopf, eine rot blühende, bis

TAG 1

❶ **Puerto de la Cruz**

7 km 10 min

❷ **La Orotava**

26,5 km 27 min

❸ **El Portillo**

13 km 15 min

Tenerife

Map labels:

Punta del Hidalgo · Pta. Fajana · Taganana · Bajamar · Pta. del Viento · Valle de Guerra · **SAN CRISTÓBAL DE LA LAGUNA** · San Andrés · **Tacoronte** · Sauzal · ⑫ · ⑪ · ⑦ · Puerto de la Cruz · *Loro Parque* · La Matanza de Acentejo · La Esperanza · ⑲ · **SANTA CRUZ d.T.** · **TF5** · Valle de Orotava · ⑨ · ⑥ · Buenavista del Norte · San Juan de la Rambla · Garachico · **Realejo Alto** · ㊴ · ㉝ · La Guancha · **La Orotava** · ㉔ · Tabaiba · Igueste d.C. · El Tanque · Icod de los Vinos · ⑰ · **Candelaria** · ㊷ Ruigómez · ② · ㉑ · **Güímar** · **Santiago del Teide** · *P. Nac. del Teide* · ④ · ③ · ㉒ · Puerto de Güímar · Masca · Pico del Teide · 3718 · *Cueva del Hielo* · El Escobonal · **TF1** · Tamaimo · ⑤ · *Las Cañadas* · Fasnia · ㉜ · Los Gigantes · ㊳ · ⑪ · Chío · Guía de Isora · ㉘ · **OCÉANO** · Alcalá · San Juan · ⑩ · ⑥ · ㉑ · Arico · ㊴ · Porís de Abona · ⑨ · **TF1** · Tejina · ⑦ · Pta. de Abona · Vilaflor · Armeñime · **Adeje** · �51 · Charco del Pino · **Granadilla de Abona** · **ATLÁNTICO** · La Caleta · ⑧ · **Arona** · ㊾ · **Playa de las Américas** · ㊐ · Cabo Blanco · �55 · **Los Cristianos** · ㊒ · ㊊ · ㊏ · ㊙ · El Médano · El Palm-Mar · Los Abrigos · Pta. Roja · Pta. de la Rasca · Costa del Silencio · Pta. Salema · *Costa del Silencio*

8 km
4.96 mi

---

zu 2 m hohe Wunderkerze. Auf der Weiterfahrt querst du Lava- und Aschefelder in Weiß, Grün, Rot, Grau und Pechschwarz. Sie zeugen von Vulkanaktivitäten, die in Jahrmillionen die Insel formten. *Bei Km 43 befindet sich der Abzweig zur Talstation der Seilbahn,* die in wenigen Minuten von 2300 m auf 3555 m zur ④ **Gipfelstation** des 3718 m hohen **Teide ➤ S. 63** hinauffährt. Der Rundumblick von hier oben ist fantastisch!

❹ Gipfelstation

IMMER AM KRATER ENTLANG

8,5 km 5 min

Beim nächsten Zwischenstopp stößt du auf die **Roques de García ➤ S. 63**, verwitterte Steingiganten, die über einer weiten, von gezackten Felswänden eingerahmten Ebene thronen. Ein guter Ort für eine Rast ist das benachbarte ❺ **Parador Nacional** ➤ S. 65, wahlweise in der Cafeteria oder im gediegen-rustikalen Restaurant (€–€€) – beide mit Teide-Blick. Weitere großartige Aussichtspunkte folgen beim 5 m hohen „Schuh der Königin" **Zapato de la Reina** und an der ❻ **Boca de Tauce**, einem Durchbruch im Felsrund. *Hier verlässt du den Cañadas-Krater und folgst der TF-21* durch lichten Kiefernwald abwärts nach ❼ **Vilaflor** ➤ S. 96, einem Bergdorf in fast 1500 m Höhe. Deftig-gemütlich isst du im **Rincón del Roberto**, komfortabel übernachten kannst du im Berghotel **Spa Villalba** *(27 Zi. | Ctra. San Roque 4 | Tel. 922 70 99 30 | hotelvillalba.com | €€).*

BELEBTE STRÄNDE, RUHIGE WÄLDER
Während Vilaflor oft über den Wolken liegt, ist das nur *12 km entfernte* **Arona** ➤ S. 114 in südliches Licht getaucht. Statt Bergidylle hast du nun Teneriffas Touristikzentrum vor dir. Fahr am besten direkt zur Küste, wo eine 12 km lange Promenade die Orte erschließt. Sie reicht von Los Cristianos bis La Caleta; alle paar Hundert Meter ist ihr ein Strand vorgelagert – am schönsten ist die ❽ **Bahía del Duque** ➤ S. 107 vor einer Kulisse schlossartiger Hotels. Gut Fisch essen könntest du schon in La Caleta ➤ S. 113, 114, du aber schiebst den Hunger bis ❾ **San Juan** ➤ S. 118 auf, einem ruhigen Fischer- und Badeort mit ebenfalls einer Reihe von Uferlokalen.

WEITERFAHRT MIT AUSSICHT
Nach dem Essen geht es *über die TF-463 nach* **Chío** hinauf, wo du bei ❿ **Delicias del Sol** ➤ S. 119 *(TF-82 bei km 32,5)* Inselköstlichkeiten – von Mandelmousse bis Bio-Wein – kaufen kannst. Danach umfängt dich wieder großartige Inselnatur: *Die TF-38 führt* dich durch eine jungvulkanische, kiefernbestandene Landschaft. Vom ⓫ **Mirador Chío** schaust du über schwarze Schlackefelder auf den **Pico Viejo** ➤ S. 63, den Brudergipfel des Teide. *An der* Boca de Tauce *kommst du wieder auf die dir schon bekannte*

❺ Parador Nacional

7 km — 7 min

❻ Boca de Tauce

15,5 km — 15 min

❼ Vilaflor

25 km — 25 min.

TAG 2

❽ Bahía del Duque

19,5 km — 20 min

❾ San Juan

14 km — 13 min

❿ Delicias del Sol

25 km — 25 min

⓫ Mirador Chío

Höhenstraße TF-21, die so spektakulär ist, dass du es nicht bereuen wirst, sie nun in entgegengesetzter Richtung zu fahren. *Bei El Portillo biegst du in die über das Inselrückgrat verlaufende TF-24 ein.* Nach ein paar Kilometern passierst du die Zufahrt zu den Science-Fiction-Kuppeln des **Observatorio del Teide** ➤ S. 64, *bei Km 32 durchfährst du* **La Tarta**, „die Torte", geschichtete schwarz-weiß-gelbe Felsbänder. Danach fängt dich wieder Nadelwald ein. Wo er sich lichtet, wurden Aussichtspunkte eingerichtet. Mal blickst du auf den Osten, mal auf den Nordwesten der Insel; mal grüßt die Nachbarinsel La Palma, mal Gran Canaria.

71,5 km   1 h 10 min

SUNDOWNER AM STRAND

Nach so viel Natur folgt nun Kultur: Das Weltkulturerbe ⑫ **La Laguna** ➤ S. 77 ist eine Bilderbuchstadt mit Fußgängerstraßen, gesäumt von Kirchen, Klöstern und Palästen. Deftig essen kannst du hier z. B. im **La Bourmet** ➤ S. 79. Von La Laguna geht es *auf der Autobahn TF-5 nach* ❶ **Puerto de la Cruz** zurück:

⑫ La Laguna

29,5 km   22 min

❶ Puerto de la Cruz

La Laguna kommt wie aus dem Bilderbuch daher

Am pechschwarzen „Gartenstrand" **Playa Jardín ➤ S. 48** nimmst du – mit Blick in den Sonnenuntergang – ein abendliches Bad. Danach lässt es sich in einem der Strandlokale unter Palmen und mit einem Cocktail gut entspannen.

❷ ANAGA: LORBEERWALD UND PARADESTRAND

➤ Lehrpfade im Lorbeerwald
➤ Über spektakuläre Serpentinen zur wilden Küste
➤ Finale am weißen Teresitas-Strand

📍 La Laguna   🏁 Santa Cruz de Tenerife

→ 86 km   🚗 1 Tag
reine Fahrzeit 2 Std.

ℹ Aus dem Norden: Ab Puerto de la Cruz/La Orotava auf der TF-5 (30 Min.) bis ❶ **La Laguna**.
Aus dem Süden: auf der TF-1 (1,5 Std.) bis ❶ **La Laguna**.

WEITBLICK GENIESSEN

Von ❶ **La Laguna ➤ S. 77** *fährst du auf der* Panoramastraße *TF-12* nach Las Mercedes, wo der Lorbeerwald beginnt. Ein erster Stopp lohnt sich *bei Km 25,1 am* ❷ **Mirador de Jardina,** von dem aus du die halbe Insel bis hin zum Teide überblickst. Kurz darauf, kommst du *bei Km 22,7* zum ❸ **Mirador Cruz del Carmen** mit einem etwas versteckt liegenden **Besucherzentrum ➤ S. 85,** das über Wandermöglichkeiten Auskunft gibt. Schon bei einer einstündigen, leichten Tour erhältst du einen guten Einblick in den Lorbeerwald. Außerdem gibt es in Cruz del Carmen eine kleine Kapelle und das rustikale Lokal **La Gangochera ➤ S. 85,** ein Bistro, in dem (fast) nur Regionales auf den Tisch kommt. Probier mal die Kressesuppe!

INSIDER-TIPP
Eine Suppe geht immer

❶ **La Laguna**

8 km · 10 min

❷ **Mirador de Jardina**

2,5 km · 2 min

❸ **Mirador Cruz del Carmen**

4 km · 4 min

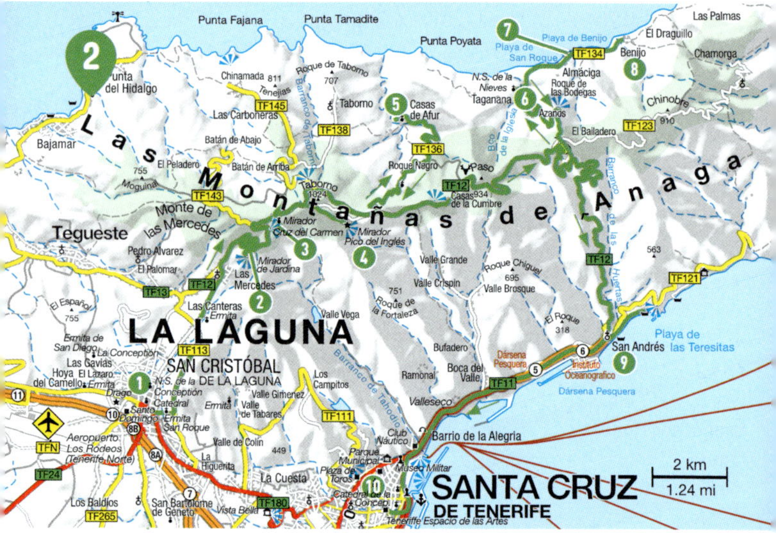

④ Mirador Pico del Inglés

11 km 11 min

⑤ Casas de Afur

20 km 19 min

⑥ Taganana

9,5 km 9 min

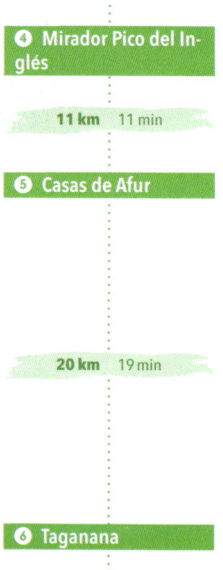

SCHWINDELFREI?

Bei der Weiterfahrt bieten sich neue Einblicke *bei Km 21,8 am* ④ **Mirador Pico del Inglés** – hier schaust du bis zu den Küsten des Nordwestens und Nordostens hinab. Immer wieder kannst du von der TF-12 Abstecher zu einsamen Weilern wie Las Carboneras, Chinamada oder Taborno unternehmen. Urig ist ⑤ **Casas de Afur** *(Abzweig bei Km 18,4). Wieder auf der Höhenstraße erreichst du bei Km 11,4 eine unübersichtliche Gabelung: Links geht es auf der TF-123 nach Bailadero*, einst ein Sammelort für Schafe und Ziegen, *du aber verlässt die Höhenstraße auf der TF-12 (Richtung San Andrés), biegst von dieser nach 1 km links ab, querst einen Tunnel und fährst auf der TF-134 Richtung „Taganana/Benijo".* In abenteuerlichen Serpentinen schraubt sich die Straße an zerklüfteten Bergflanken hinab und eröffnet grandiose Tief- und Weitblicke. Parkausbuchtungen am schmalen Grat sind leider rar … Gelegenheit zum Anhalten (und Fotografieren) hast du in ⑥ **Taganana**.

ZURÜCK ZUR KÜSTE

Nach dem schwindelerregenden Trip macht der Genuss eines Fischgerichts an der zerklüfteten Felsküste dop-

pelt Spaß: Lokale mit tollem Blick auf wilde Brandung findest du in **Roque de las Bodegas**, wo in der einfach-kanarischen ❼ Casa África *(tgl. | Roque de las Bodegas 3 | Tel. 922 59 01 00 | €–€€)* die sympathische Señora África den Kochlöffel schwingt, und in ❽ **Benijo**, das einen schönen Strand bietet.

LETZTER HALT: STRAND-HOTSPOT

Nach dem Besuch von Benijo heißt es *wieder zurück, hinauf zum Höhenzug,* und vom Rückgrat des Anaga-Gebirges *in Serpentinen hinab, diesmal zur Inselostseite,* zum Fischer- und Badeort ❾ **San Andrés** ➤ S. 76. Falls du schon wieder Appetit hast, kannst du hier einen Imbiss zu dir nehmen und dann an Teneriffas schönstem Strand, der **Playa de las Teresitas**, ein ausgiebiges Bad genießen. Anschließend geht es an der Küste entlang in die Hauptstadt ❿ **Santa Cruz de Tenerife** ➤ S. 70 und von dort via La Laguna in den Norden bzw. auf der Autobahn TF-1 in die Ferienorte des Südens zurück.

❼ Casa África	
2 km	2 min
❽ Benijo	
18 km	18 min
❾ San Andrés	
12 km	21 min
❿ Santa Cruz de Tenerife	

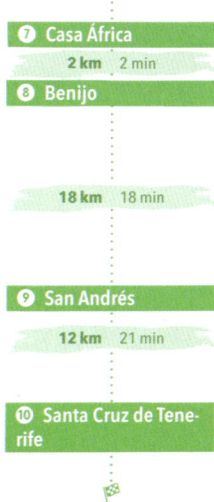

Bei Benijo im Nordosten Teneriffas ist der ursprüngliche Strand nur bei Ebbe badetauglich

❸ TENO: SCHLUCHTEN UND BILDERBUCHORTE

➤ Zerklüftetes Gebirge mit Bilderbuchdorf
➤ Leuchtturm am Ende der Inselwelt
➤ Besuch beim „tausendjährigen" Greis

📍 Los Gigantes

🏁 Los Gigantes

🔄 110 km

🚗 1 Tag
reine Fahrzeit 2 Std.

ℹ️ Mitnehmen: warme Jacke, feste Schuhe
Achtung: Die TF-445 zur ❺ **Punta de Teno** wird nach Regen und bei Starkwind wegen Steinschlaggefahr gesperrt; am Wochenende fährt ein Bus-Shuttle. Auch die Masca-Schlucht wird nach Regen gesperrt.

AUF KURVIGEN BERGSTRASSEN

❶ **Los Gigantes**

14,5 km 17 min

❷ **Arguayo**

11 km 10 min

❶ Los Gigantes ➤ S. 116, „Giganten" wird die imposante Steilküste genannt, die sich 450 m hoch über den gleichnamigen Urlaubsort erhebt. Häuser, Boote und vor allem Menschen wirken vor ihrer Größe winzig. Die Klippen sind der südliche Zipfel des Teno-Massivs und geben einen Vorgeschmack auf das unnahbare Gebirge, dem du dich nun näherst. *Zunächst schraubt sich die TF-454 nach Santiago del Teide hinauf,* vorbei an Bananen- und Tomatenplantagen. Mach *bei Km 11 einen Abstecher nach* ❷ Arguayo ➤ S. 62. In dem Dorf mit langer Töpfertradition wurde die alte Keramikwerkstatt restauriert, in der du beim Herstellen archaischer Töpferwaren zuschauen und diese direkt erwerben kannst.

IN RAUER NATUR

Hinter Santiago del Teide ➤ S. 61 wird es dramatisch: jähe Abstürze, wohin man schaut, zerrissener Fels und etwas Grün. Das Teno-Gebirge ➤ S. 61 ist eine geologisch sehr alte Formation, der Vulkanfels von der Erosion zernagt. Vom Mirador de Cherfe blickst du hinab auf ❸ Masca ➤ S. 61, einen Weiler zwischen zerklüfteten Steilwänden, der bis in die 1980er-Jahre keine Straßenanbindung hatte. Er verteilt sich über mehrere Felssporne und verführt zu einem Rundgang auf holprigem Kopfsteinpflaster; unterwegs kommst du an kleinen Lokalen vorbei. *Mehrere Kilometer noch windet sich das schmale Asphaltband durch die Bergwelt.* Beim Mirador de Hilda mit Aussichtsterrasse und Café blickst du zurück aufs Masca-Tal, bevor sich am nächsten Pass, dem Mirador de Baracán, ein Ausblick auf die sanfteren Hänge des Nordens bietet.

INSIDER-TIPP
Hier lohnt der Blick zurück!

❸ Masca

19 km   21 min

AN DER STEILKÜSTE ENTLANG

Am Dorf Las Portelas vorbei geht es nach Buenavista del Norte ➤ S. 60 *hinab, wo du im Küstenrestaurant* ❹ El Burgado *(tgl. | Playa de las Arenas | Tel. 922 12 78 31 | restauranteelburgado.com | €€) gut Fisch essen kannst. Von Buenavista führt die einsame TF-445 dann am Fuß der Steilküste in Teneriffas äußersten Nordwesten. Vorsicht bei schlechtem Wetter!* Gefährlicher

❹ El Burgado

10 km   10 min

Wunderschöner Weiler in einer beeindruckenden Berglandschaft: Masca

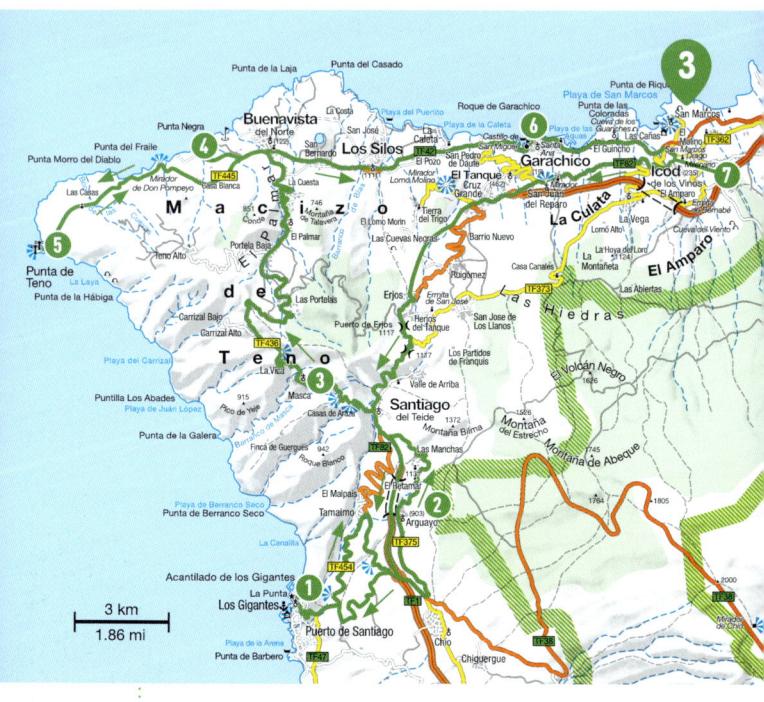

Steinschlag ist dann an der Tagesordnung. *Die Straße endet am Kap* ⑤ **Punta de Teno** ➤ S. 61, wo du in einer geschützten Bucht am Fuß hoher Klippen in die Fluten springen kannst.

AUF DEM WEG ZUM TAUSENDJÄHRIGEN

Nach so viel ungebändigter Natur kommt ein freundlicher Ort gerade recht. *Zurück in Buenavista, erreichst du ab dort nach gut fünfminütiger Fahrt* ⑥ **Garachico** ➤ S. 57. Ein Kastell, Klöster und Kolonialhäuser bilden das Zentrum der Altstadt, die zum Reizvollsten gehört, was Teneriffas Architektur zu bieten hat. Auch die Küste mit ihren Lavaarmen lohnt einen Blick – im Terrassenlokal **El Caletón** *(tgl. | Av. Tome Cano | Tel. 922 13 33 01 | facebook: RestauranteElCaleton | €€)* in Verbindung mit einem Essen. So gestärkt geht es *weiter auf der TF-42* nach ⑦ **Icod de los Vinos** ➤ S. 55, wo mit dem **Drago Milenario**, dem angeblich 1000-jährigen Drachenbaum, eines der Wahrzeichen Teneriffas steht. Spaß macht ein Spaziergang über die historischen, von Herrenhäusern gesäumten Gassen nahebei – lass dir in den **Feinkostläden** einen Tropfen Gratis-Wein ausschenken! *Nun geht es zurück Richtung Puerto de Santiago,* allerdings auf einer anderen, gleichfalls schönen, jedoch etwas weniger dramatischen Bergstraße *über El Tanque, Erjos und Santiago del Teide zum Ausgangspunkt* ❶ **Los Gigantes**.

❹ WANDERN AN DEN ROQUES DE GARCÍA

➤ **Aufs Dach der Insel**
➤ **Schauplatz von „Kampf der Titanen"**
➤ **Eine geheimnisvolle „Kathedrale"**

📍	Mirador de la Ruleta	🏁	Mirador de la Ruleta
↻	4,5 km	🚶	reine Gehzeit 1 ¾ Std.
📶	Schwierigkeit: mittel	↗	Höhenmeter: 110 m

ℹ️ Anfahrt von Puerto de la Cruz um 9.30 Uhr mit Bus 348, von Costa Adeje/Las Américas mit Bus 342 bis zur Endhaltestelle am Parador. Rückfahrt gegen 16 Uhr. Anfahrt mit dem Auto auf der TF-21, bei Km 46,4 Parkplatz am Mirador de la Ruleta. Alternativ Parkplatz am Parador nutzen. Nichts im Auto liegen lassen!

BLICK ÜBER DIE EBENE

Vom Startpunkt, dem Aussichtsbalkon ❶ **Mirador de la Ruleta**, läufst du ein paar Schritte *in Richtung TF-21 zurück und biegst unmittelbar hinter der Felsgruppe links in einen breiten, als „Sendero 3" markierten Weg ein.* Leicht ansteigend führt er am Fuß der ❷ **Roques de García ➤ S. 63** vorbei, die Wind und Wasser im Lauf von Jahrmillionen geformt haben. Bald verengt sich der Weg und flankiert den Rand eines Lavafelds. 30 Min.

7

❸ Torre Blanca

1300 m   23 min

nach dem Start passierst du ❸ **Torre Blanca**, einen „weißen Turm", der am Ende der Familie der Felsgiganten aufragt. Hier hat sich ein natürliches Aussichtsplateau herausgebildet, von dem du einen weiten Blick über die Ucanca-Ebene hast. *Kurz danach dreht der Weg nach links und schlängelt sich in die Ebene hinab* – vor dir tritt nun der zerklüftete „Unterbau" der Roques zutage. Wo der Wegverlauf etwas unübersichtlich ist, zeigen Steinmännchen an, wo es weitergeht.

BAUKUNST DER NATUR

❹ „Kathedrale"

600 m   23 min

Rasch rückt das nächste Ziel in den Blick, die ❹ **„Kathedrale"**, die als gewaltiger Solitär über 100 m aus der Ebene aufragt. Ihre senkrechten Säulenwände werden gern von Kletterern genutzt. *Noch vor der Felskathedrale schwenkt der Weg links ein und führt in Serpentinen steil bergan* – dies ist der anstren-

❺ Mirador de la Ruleta

500 m   7 min

gendste Teil der Tour: der Aufstieg über die Felswand zurück zum Aussichtsbalkon ❺ **Mirador de la Ruleta**. Oben schaust du zurück auf die weite, wüste Ucanca-Ebene: Wie urzeitliche Geschöpfe ragen die Felsgiganten auf, während im Hintergrund die gezackten Wälle der Cañadas den Horizont abriegeln.

ZEIT FÜR EINE STÄRKUNG

Du gehst auf der Zufahrtstraße zum Mirador bis zur TF-21, überquerst sie und kommst auf das blassviolette Gebäude des **❻ Parador Nacional ➤ S. 65** zu. Nach 450 m weiterem Fußweg kannst du in der Cafeteria auf einen Snack oder aber im rustikalen Restaurant einkehren und bei kanarischen Spezialitäten den Teide-Blick auf dich wirken lassen, bevor du zum Startpunkt, dem **❶ Mirador de la Ruleta** zurückgehst.

INSIDER-TIPP
Rast mit Teide-Blick

❻ Parador Nacional

500 m · 6 min

❶ Mirador de la Ruleta

❺ RADTOUR IM SÜDLICHEN BERGLAND

➤ Von den Ferienorten des Südens auf mittlere Höhenlagen
➤ Aussichtspunkte, Vulkankegel, historische Kleinstädte
➤ Teneriffas längster Naturstrand

📍 ❶ Los Cristianos   🏁 ❶ Los Cristianos

🔄 63 km   🚲 1 Tag
                      reine Fahrzeit 6 Std.

📊 Schwierigkeit: mittel

ℹ️ Kosten: Mountainbike ab 16 Euro, Eintritt **Jungle Park** und Skulpturenpark **Mariposa** je 26 Euro, Eintritt inkl. Führung ❿ **Reserva Ambiental** 15 Euro
Achtung: In Spanien besteht Helmpflicht!

ARONA UND EIN SKULPTURENPARK

Starte in **❶ Los Cristianos ➤ S. 102** *auf der TF-665 (ausgeschildert Chayofa/Arona). Hinter dem Autobahnkreisel wechselst du auf die TF-28,* auf der du die Stadt endgültig hinter dir lässt. Nun wird der Verkehr ruhiger und die Szenerie ländlicher. Während die Steigung zunimmt, schaust du aus sicherer Distanz auf die Küste mit ausufernden Ferienorten. Eine erste Kaffeepause ist in **❷ Chayofa** möglich, wo ausländische Residenten in blumenumrankten Bungalows leben. Der **Mesón Chayofa** *(tgl. | C/ El Taroso 43 | Tel. 922 72 91 89 |*

❶ Los Cristianos

4 km · 31 min

❷ Chayofa

6,5 km 1 h 8 min	
③ **Arona**	
1 km 3 min	
④ **Túnez**	
5,5 km 31 min	
⑤ **Mirador de la Centinela**	
4,5 km 23 min	
⑥ **San Miguel**	
5,5 km 37 min	
⑦ **Granadilla de Abona**	
12,5 km 42 min	
⑧ **El Médano**	

meson-la-finca-chayofa.com | €€) bietet Essen und Trinken in einer lauschigen, ehemaligen Tomatenplantage; ein weiterer Anlaufpunkt ist der **Jungle Park** *(tgl. 10–17.30 Uhr | aguilasjunglepark.com)* mit Tigern, Seelöwen, Affen und Greifvogel-Show. *Von hier gelangst du auf einer Nebenstraße zur TF-51 und erreichst auf dieser* den 630 m hoch gelegenen, von einem Pyramidenberg überragten Gemeindeort ③ **Arona** ➤ S. 114. Herausgeputzt ist seine Plaza mit Rathaus, Kirche und dichten Lorbeerbäumen, in deren Schatten du verschnaufen kannst. Anschließend steuerst du *über ein Nebensträßchen* ④ **Túnez** an, wo ein deutsches Galeristenpaar den etwa 2 ha großen Kunst- und Skulpturenpark **Mariposa** *(C/ Túnez 63-A | kulturpark-mariposa.com)* angelegt hat.

PANORAMABLICK UND NOSTALGISCHE ORTE

In Valle de San Lorenzo stößt du wieder auf die TF-28 und erreichst nach wenigen Kilometern den ⑤ **Mirador de la Centinela**, den schönsten Aussichtspunkt des Südens: Den fantastischen Blick kannst du im Panoramalokal **Centinela** *(Mo geschl. | miradorlacentinela. es | €–€€)* genießen. Ohne großen Anstieg, in leichtem Auf und Ab, radelst du weiter nach ⑥ **San Miguel**, das mit schmucker Kirche, kopfsteingepflasterten Gassen und dem Ethnomuseum **Casa del Capitán** *(Sa/So geschl. | C/ Calvario 1)* aufwartet. Und auch im 4 km entfernten, in den Boomjahren stark expandierten Gemeindeort ⑦ **Granadilla de Abona** steuerst du am besten den historischen Kern an. Nur hier hat er sich seinen nostalgischen Charme erhalten. Neben der Pfarrkirche lohnt ein Blick in die ehemalige Post, heute verwandelt ins rustikale **Hotel Rural Senderos de Abona** *(C/ Peatonal de la Iglesia 5 | senderosdeabona. es | €)*. Neben der Caféterrasse des Restaurants befindet sich ein **Kuriositätenkabinett** mit nützlichen Dingen von anno dazumal.

BERGAB WINKT DIE ERFRISCHUNG

Hinter Granadilla folgt der ersehnte Downhill: *Auf der TF-64 saust du 7,5 km Richtung Küste, wirst über die Autobahn TF-1 geleitet und erreichst nach weiteren 5 km* ⑧ **El Médano** ➤ S. 94. Teneriffas Surferhochburg wartet mit dem längsten natürlichen Sandstrand der Insel auf: 3 km erstreckt er sich im Schatten des Roten Bergs *(Montaña Roja)*. Stürz dich in die Fluten und spül dir den Schweiß vom Leib! Westlich des Roten Bergs, an der **Playa de la Tejita** ➤ **S. 94**, kannst du dich auch hüllenlos an den Strand legen.

INSIDER-TIPP
FKKler willkommen

FRISCHER FISCH AM HAFEN

Erfrischt radelst du *auf der TF-643* parallel zur Küste dem nächsten Vergnügen entgegen: Am Hafen von **Los Abrigos** ➤ **S. 95** reihen sich Lokale aneinander, in denen du Frisches aus dem Meer bekommst, z. B. im ❾ **Perlas del Mar** ➤ **S. 95**. Nach dem Essen kommt die Kultur zu ihrem Recht: Besuch die ❿ **Reserva Ambiental**. *In der Schlucht hinter dem Fünfsterneresort San Blas (Av. Greñamora 1)* am Westrand von Los Abrigos tauchst du in eine magische Landschaft aus hellem Tuffstein ein – Mini-Bootsfahrt inklusive. Und in einem interaktiven **Museum** werden dir Natur und Geschichte Teneriffas nahegebracht. *Auf der TF-655 geht es dann nach* ❶ **Los Cristianos** *zurück* – im flachen Küstenland kommst du rasch voran!

❾ **Perlas del Mar**

2 km 10 min

❿ **Reserva Ambiental**

14 km 1 h 6 min

❶ **Los Cristianos**

GUT ZU WISSEN

DIE BASICS FÜR DEINEN URLAUB

ANKOMMEN

ANREISE

Ferienflieger sind am bequemsten und billigsten. TUIfly, Condor und andere fliegen von vielen Städten Deutschlands, Österreichs und der Schweiz in vier bis fünf Stunden nach Teneriffa. Flüge kosten zwischen 250 und 650 Euro hin und zurück, Low Cost Airlines sind oft noch billiger. Auf der Insel gibt es zwei Flughäfen: Der Südflughafen *Reina Sofía* (auch: *Tene-*

 – 1 Stunde Zeitverschiebung

Auf den Kanaren ist es eine Stunde früher als bei uns: mitteleuropäische Zeit minus eine Stunde. Die Inseln machen die Sommerzeit mit.

rife Sur), der von den meisten internationalen Linien angeflogen wird, liegt 20 Autominuten von Playa de las Américas und Los Cristianos sowie ca. 1 Std. von Puerto de la Cruz entfernt. Linienbusse fahren nach Los Cristianos und Costa Adeje (Linie 40, 343 und 711, ca. 3,50 Euro), Santa Cruz de Tenerife (Linie 111 und 711, ca. 9 Euro) und Puerto de la Cruz (Linie 343, ca 10 Euro).

Alle nationalen Linienflüge, vereinzelt auch Billigflieger, landen auf dem Nordflughafen *(Tenerife Norte)* bei La Laguna. Innerkanarische Flüge gibt es von beiden Flughäfen. Infos zu den Flughäfen: *aena.es.*

Vom südspanischen Cádiz fährt einmal wöchentlich die Autofähre der *Compañía Trasmediterránea-Acciona* nach Santa Cruz de Tenerife und retour (Fahrzeit: jeweils 31 Std.). Die einfache Überfahrt in einer 4-Bett-Kabine kostet ca. 200 Euro pro Person, ein

Im Teide-Nationalpark

PKW kostet etwa genauso viel. Buchung über Reisebüros oder *trasmedi terranea.es*.

Adapter Typ C

220 Volt Wechselstrom. Es passen die bei uns üblichen zweipoligen Flachstecker.

EINREISEBESTIMMUNGEN

Für Deutsche, Österreicher und Schweizer reichen der gültige Reisepass bzw. Personalausweis. Bei der Einreise aus EU-Ländern gibt es keine Passkontrolle. Kinder benötigen einen eigenen, unterschriebenen Ausweis mit Lichtbild.

KLIMA & REISEZEIT

Das milde Klima Teneriffas zeichnet sich durch geringe Temperaturschwankungen aus. Im regenarmen Süden fallen die Temperaturen auch im Winter selten unter 18 Grad und steigen kaum über 24 Grad. Im Sommer werden häufig wochenlang 30 Grad und mehr gemessen. Schwache Luftströmungen sorgen dann auch in mittleren Höhenlagen für drückende Hitze. Die Temperaturen im Norden sind oft erheblich niedriger als im Süden. Oberhalb von 500 m kann es im Winter kühl werden. Als Faustregel gilt: Pro 100 Höhenmeter sinkt die Temperatur um 1 Grad. Selbst wenn du an der Küste schwitzt, kannst du in der Teide-Region frieren. Deshalb gehören neben einer Kopfbedeckung auch Pullover und Regenjacke ins Reisegepäck.

Da die Wassertemperaturen auf Teneriffa stets zwischen 18 und 24 Grad liegen, lädt das Meer 365 Tage im Jahr zum Baden ein. Die beste und beliebteste Reisezeit sind die in Nordeuropa kalten Monate November bis März.

WEITER-KOMMEN

MIETWAGEN

Mietwagenfirmen sind in den Flughäfen, allen Ferienzentren und vielen Hotels vertreten. Einen Kleinwagen kannst du schon für unter 25 Euro pro Tag (inkl. Steuern und Vollkaskoversicherung) mieten. *Cicar (Tel. 928 82 29 00 | cicar.com)* ist eine verlässliche einheimische Firma, die du an allen Flughäfen, Häfen sowie in den Ferienorten findest. Die Wagen sind gut gewartet, und im Fall einer Panne wird umgehend für Abhilfe gesorgt. Um ein Fahrzeug zu mieten, muss man mindestens 21 Jahre alt sein und eine Kaution hinterlegen.

VERKEHRSREGELN

Die Straßen sind gut ausgebaut und sicher. Höchstgeschwindigkeit: innerorts 50 km/h, auf Landstraßen 90 km/h und auf den Autobahnen 120 km/h. Die Promillegrenze liegt bei 0,25 in der Atemluft, was ungefähr dem sonst üblichen Blutwert von 0,5 entspricht (bei Fahranfängern 0,3). Achtung: In Spanien muss eine gelbe Warnweste mitgeführt werden! Telefonieren ist nur mit Freisprechanlage erlaubt.

Absolutes Halteverbot gilt bei gelben Kennzeichnungen am Bordstein; bei blauen Streifen ist eine Parkgebühr zu zahlen. Abschleppen dürfen nur *grúas,* Unternehmen mit Lizenz.

FEIERTAGE

1. Jan.	*Año Nuevo* (Neujahr)
6. Jan.	*Los Reyes* (Dreikönigstag)
März/April	*Viernes Santo* (Karfreitag)
1. Mai	*Día del Trabajo* (Tag der Arbeit)
30. Mai	*Día de las Islas Canarias* (Tag der Kanaren)
Mai/Juni	*Corpus Cristi* (Fronleichnam)
25. Juli	*Santiago Apóstol* (Jakobstag)
15. Aug.	*Asunción* (Mariä Himmelfahrt)
12. Okt.	Tag der Entdeckung Amerikas
1. Nov.	*Todos los Santos* (Allerheiligen)
6. Dez.	Tag der Verfassung
8. Dez.	Mariä Empfängnis
25. Dez.	Weihnachten

TAXI

Alle Taxis sind lizenziert und mit Taxameter ausgestattet, das mit Fahrtbeginn eingeschaltet wird. Zum Kilometerpreis (plus Grundgebühr) kommen Zuschläge für Sonn- und Feiertagsfahrten, für Nacht-, Hafen- und Flughafenfahrten sowie für Großgepäck. Bei Inselrundfahrten unbedingt den Preis vorher vereinbaren.

BUS

Die Busse nennen sich auf den Kanarischen Inseln *guaguas* (sprich: guahuah). Vom zentralen Busbahnhof *Estación de Guaguas* an der Avenida 3 de Mayo 47 in Santa Cruz fahren die grünen Linienbusse der TITSA zu fast allen Orten auf Teneriffa. An den Busbahnhöfen in Santa Cruz und den Ferienorten kannst du die Mehrwegfahrkarte Ten+ erwerben, mit der sich die Fahrt in öffentlichen Bussen um 30 Prozent oder mehr verbilligt. Die Karte gilt allerdings nicht für den Bus 342/348 zum Teide. Unter *Tel. 922 53 13 00* gibt

FESTE & EVENTS
RUND UMS JAHR

JANUAR/FEBRUAR

Festival de Música de Canarias (Santa Cruz de Tenerife) *festivaldecanarias.com:* internationales Festival klassischer Musik im Auditorio

FEBRUAR/MÄRZ

★ **Carnaval** *carnavaltenerife.com:* wochenlanger Fiestataumel erst in Santa Cruz, dann auf ganz Teneriffa

MÄRZ/APRIL

Semana Santa (La Laguna): prächtige Prozessionen; Höhepunkt: der schwermütige Schweigemarsch am Karfreitag

MAI

Fiesta de San Isidro (Granadilla/Los Realejos/La Orotava): Feier der Schutzheiligen der Bauern mit Trachten und Volkstänzen, um den 15. Mai (Foto)

MAI/JUNI

Corpus Christi (La Orotava): bunte Teppiche aus Lavasand auf Straßen und Plätzen (s. S. 54)

JULI

Nuestra Señora del Carmen (Santa Cruz de Tenerife/Puerto de la Cruz): malerische Bootsprozessionen am 16. Juli

AUGUST

Romería de la Virgen de Candelaria (Candelaria): zu Ehren der Schutzheiligen Teneriffas pilgern Zehntausende am 15. August in den Ort
Romería de San Roque (Garachico): farbenfrohe Umzüge für den Schutzheiligen des Orts am 16. August

SEPTEMBER

Festival Sabandeño, *Fiestas del Cristo* (La Laguna): kanarische Folkbands spielen vor Tausenden Fans

NOVEMBER

Festival Foto-Noviembre (Santa Cruz/La Laguna) *fotonoviembre.com:* Alle 2 Jahre stellen international renommierte Fotografen teils provokante Werke jenseits von Photoshop-Ästhetik aus

es Mo–Fr, 7–21 Uhr, Auskünfte (in Spanisch und Englisch), ebenso im Internet unter *titsa.com*. Von Santa Cruz fährt die Linie 1 der Straßenbahn alle 5–15 Min. in die Universitätsstadt La Laguna *(metrotenerife.com)*.

VERBINDUNGEN ZWISCHEN DEN INSELN

Von Teneriffa kommst du zu allen anderen Kanarischen Inseln. Die Reedereien Fred Olsen (fredolsen.es) und Naviera Armas (navieraarmas.com) bieten Schiffsverbindungen an, die in etwa genauso teuer sind wie die Flüge der Regionalfluglinien Binter (binternet.com) und Canary Fly (canaryfly.es).

ZOLL

Bei der Einreise gibt es keine Zollkontrollen. Doch für die Rückreise musst du – egal ob du Deutscher, Österreicher oder Schweizer bist – wegen des steuerlichen Sonderstatus der Inseln dieselben engen Zollfreimengen wie bei der Einreise aus Nicht-EU-Ländern beachten. So darfst du zollfrei nur 200 Zigaretten oder 50 Zigarren oder 250 g Tabak, 1 l Spirituosen und 2 l Wein sowie sonstige Waren bis zu einem Wert von 430 Euro ausführen (für Jugendliche unter 15 Jahren bis zu einem Wert von 175 Euro).

IM URLAUB

AUSKUNFT VOR DER REISE

Touristische Auskünfte erhältst du unter *spain.info* sowie bei folgenden spanischen Fremdenverkehrsbüros:
– *Myliusstr. 14 | 60323 Frankfurt | Tel. 069 72 50 33 | frankfurt@tourspain.es*
– *Walfischgasse 8 | 1010 Wien | Tel. 01 5 12 95 80-11 | viena@tourspain.es*
– *Seefeldstr. 19 | 8008 Zürich | Tel. 04 42 53 60.50 | zurich@tourspain.es*

AUSKUNFT AUF TENERIFFA

In der Ankunftshalle auf dem Südflughafen Reina Sofía *(Mo–Fr 9–21, Sa 9–17 Uhr | Tel. 922 39 20 37)*. Weitere Infopoints in allen größeren Ferienorten sowie in Santa Cruz und La Laguna.

ÖFFNUNGSZEITEN

Werktags öffnen Geschäfte meist zwischen 9 und 10 Uhr und schließen gegen 20 Uhr. Viele kleinere Läden schieben in der Siesta-Zeit (13.30–17 Uhr) eine Ruhepause ein. Samstags wird in der Regel nur bis 14 Uhr gearbeitet. Große Supermärkte und Einkaufszentren sind Mo–Sa durchgehend 9–21 Uhr geöffnet. Restaurants sind meist 13–16 und 19–23, in Feriengebieten oft von 12 Uhr ohne Pause bis spätabends geöffnet.

POST

Briefmarken *(sellos)* bekommst du außer bei der Post *(correos)* auch in den *estancos,* den Tabakgeschäften. Das Porto für Brief *(carta)* oder Postkarte *(tarjeta postal)* ins EU-Ausland und die Schweiz betrug bei Redaktionsschluss 1,35 Euro. Neben der noch immer zuverlässigen staatlichen Post gibt es private Postzustelldienste mit eigenen Briefmarken und Postkästen, aber Achtung: Die Zustellung dauert oft länger, Post kommt nicht immer an!

SPRACHE

In den Ferienzentren kommt man auch ohne Spanischkenntnisse zurecht. Wer allerdings in abgelegenen Orten in Lokalen etwas bestellen, vielleicht auch mit dem Bus über die Insel fahren möchte, sollte sich Grundkenntnisse im Spanischen aneignen. Ein paar wichtige Wörter und Sätze findest du im Spickzettel Spanisch auf S. 140.

STRÄNDE

Der mit 3 km längste Naturstrand der Insel befindet sich in El Médano an der Südostküste. Künstlich angelegt, aber gleichfalls attraktiv sind die Strände an der Südküste zwischen Los Cristianos und Costa Adeje sowie in Playa de las Arenas. Ein wahrer Bilderbuchstrand ist die gleichfalls künstliche Playa de las Teresitas nördlich der Hauptstadt Santa Cruz. Der Norden wartet mit schwarzen Stränden auf, am schönsten ist hier die Playa del Jardín in Puerto de la Cruz.

FKK ist nur an wenigen Orten üblich, zum Beispiel an der Playa de la Tejita westlich El Médano, an der Playa de Montaña Amarilla (Costa del Silencio) und an der Playa de las Gaviotas nördlich von San Andrés.

TRINKGELD

Wenn du im Restaurant mit dem Service zufrieden bist, rundest du einfach den zu zahlenden Betrag auf. Im Hotel erwarten Reinigungskräfte und Rezeptionisten ein Trinkgeld, bei organisierten Ausflügen auch Busfahrer und Reiseführer.

URLAUB AUF DEM LAND

Wer auf Teneriffa Urlaub macht, muss dies nicht unbedingt an der Küste tun. Agenturen vermieten Unterkünfte abseits der Ferienregionen – von der Finca für zehn Personen bis zur Felsenhöhle. Sie sind meist modern ausgestattet, die Preise sind oft niedriger als in einem Hotel.

Wichtigster Vermittler ist *Attur (Asociación Tinerfeña de Turismo Rural | Tel. 922 53 27 33 | attur.es). Casas Rurales* (kanarische Landhäuser) in schöner Lage hat auch die deutsche Agentur von Karin Pflieger *(Tel. 040 5 60 44 88 | turismorural.de | €€)* im Angebot – ein Vorteil. Bei *Turismo Rural* bekommst du detaillierte Informationen auf Deutsch und weißt vorher, was dich erwartet.

INSIDER-TIPP
Gut beraten!

CAMPING ☎

Wildes Zelten ist auf der Insel verboten. Teneriffa besitzt mehrere Campingplätze, z. B.: *Camping-Caravaning Nauta (Cañada Blanca, Ctra. 653, Km 1,5 | Las Galletas/Arona | Tel. 922 78 51 18 | campingnauta.com);*

Camping El Castillo de Himeche *(Guía de Isora | Mobil: 686 25 89 54 | campingelcastillodehimeche.com)* und Camping Montaña Roja bei El Médano *(Tel. 922 69 63 30 | monte. camp).*

VORWAHLEN

Die Vorwahl für Spanien lautet 0034, dann folgt die neunstellige Rufnummer mit integrierter Ortsvorwahl (922). Vorwahl für Deutschland 0049, Österreich 0043 und Schweiz: 0041 mit nachfolgender Vorwahl ohne Null und Rufnummer.

WAS KOSTET WIE VIEL?

Taxi	1 Euro *pro km plus 3,50 Euro Grundpreis*
Kaffee	ab 1,50 Euro *für eine Tasse*
Snack	ab 3 Euro *für eine Tapa*
Wein	ab 2 Euro *für ein Glas (0,2 l)*
Benzin	gut 1 Euro *für 1 l Super*
Essen	ab 9 Euro *Menú del Día inkl. Getränk*

BANKEN & KREDITKARTEN

An Geldautomaten bekommst du mit deiner Bank- oder gängigen Kreditkarte Bargeld. Allerdings sind dafür oft happige Gebühren fällig. Tipp: Viele deutsche Banken haben eigene Filialen oder kooperieren mit lokalen Banken. Dort bezahlst du für Abhebungen keine Gebühr! Erkundige dich danach schon zu Hause. Die Öffnungszeiten der Banken variieren, üblich sind montags bis freitags 8.30–14 Uhr und samstags 8.30–13 Uhr. In fast allen Hotels, Geschäften, Restaurants und Tankstellen werden Kreditkarten akzeptiert. Allgemeiner Sperrnotruf für Bank- und Kreditkarten: Tel. 0049 11 61 16.

PREISE

Die Preise für Dienstleistungen sind kaum niedriger als bei uns. Besonders teuer sind die Freizeitparks, hier kostet der Eintritt für eine vierköpfige Familie oft gut 100 Euro. Lebensmittel, auch importierte (und das sind die meisten), sind dank niedriger Mehrwertsteuer auf den Kanaren kaum teurer als in Mitteleuropa. Günstig bekommst du Tabakwaren, Parfüms sowie einige rezeptfreie Medikamente.

NOTFÄLLE

DIPLOMATISCHE VERTRETUNGEN
DEUTSCHES KONSULAT

C/ Albareda 3 | Las Palmas | Tel. 928 49 18 80 | las-palmas.diplo.de

ÖSTERREICHISCHES KONSULAT

C/ Costa y Grijalba, 33 | Santa Cruz | Tel. 922 02 33 70 | bmeia.gv.at

SCHWEIZER KONSULAT

C/ de Núñez de Balboa 35A | 28001 Madrid | Tel. 914 36 39 60 | eda.admin. ch/madrid

GESUNDHEIT

Mit der EHIC, der Europäischen Versicherungskarte der Krankenkassen, wirst du von Ärzten, Ambulatorien und Kliniken, die der Seguridad Social angeschlossen sind, kostenfrei behandelt. Bei Privatärzten solltest du eine detaillierte Rechnung *(factura)* verlangen, um dir zu Hause die Auslagen wenigstens teilweise erstatten zu lassen. Apotheken *(farmacias)* sind am grünen Malteserkreuz erkennbar.

Schütz dich vor intensiver Sonneneinstrahlung, am besten mit Sonnenmilch mit Lichtschutzfaktor 20–50 und Kopfbedeckung. Das Leitungswasser ist hier nicht trinkbar, im Supermarkt gibt's Mineralwasser in 5- bis 8-Liter-Plastikflaschen.

Kliniken für den Notfall findest du in Santa Cruz und Playa de las Américas.

Santa Cruz de Tenerife: *Hospital Universitario Nuestra Señora de la Candelaria (Ctra. Rosario 145 | Tel. 922 60 20 00); Hospiten Rambla (La Rambla 115 | Tel. 922 29 16 00 | hospiten.es).*

Playa de las Américas/Los Cristianos: *Espacio de Salud DKV (Mo–Fr 8–20 Uhr, 24-Std.-Service | Av. Gómez Cuesta 22 | Playa de las Américas | Tel. 922 10 22 02).*

Deutsches Ärztezentrum (tgl. 8–20 Uhr | Av. V Centenario, CC Club Paraíso del Sol | Playa de la Américas | Tel. 922 79 29 08 | daez.eu)

Hospiten Sur (24-Std.-Service und Hotelbesuche | C/ Siete Islas 8 | Tel. 922 75 00 22 | hospiten.es).

NOTRUF

Die 112 gilt für Polizei, Feuer, Krankenwagen (auch in dt. Sprache).

WETTER AUF TENERIFFA

Hauptsaison / Nebensaison

	JAN.	FEB.	MÄRZ	APRIL	MAI	JUNI	JULI	AUG.	SEPT.	OKT.	NOV.	DEZ.
Tagestemperaturen	21°	21°	22°	23°	24°	26°	28°	29°	28°	26°	23°	22°
Nachttemperaturen	14°	14°	15°	16°	17°	19°	21°	21°	21°	19°	17°	16°
Sonnenschein	5	6	7	8	10	11	11	11	9	7	5	5
Niederschlag	7	5	3	2	1	0	0	0	1	4	6	7
Wassertemperatur	19	18	18	18	19	20	21	22	23	23	21	20

Sonnenschein Stunden/Tag   Niederschlag Tage/Monat   Wassertemperatur in °C

SPICKZETTEL
SPANISCH

SMALLTALK

ja/nein/vielleicht	sí/no/quizás
bitte/danke	por favor/gracias
Hallo!/Auf Wiedersehen!/Tschüss!	¡Hola!/¡Adiós!/¡Hasta luego!
Gute(n) Tag!/Abend!/Nacht!	¡Buenos días!/¡Buenas tardes!/¡Buenas noches!
Entschuldige!/Entschuldigen Sie!	¡Perdona!/¡Perdone!
Darf ich …?	¿Puedo …?
Wie bitte?	¿Cómo dice?
Ich heiße …	Me llamo …
Wie heißen Sie?/Wie heißt du?	¿Cómo se llama usted?/¿Cómo te llamas?
Ich komme aus … Deutschland/Österreich/Schweiz	Soy de … Alemania/Austria/Suiza
Das gefällt mir (nicht).	Esto (no) me gusta.
Ich möchte …/Haben Sie …?	Querría …/¿Tiene usted …?

ZEIGEBILDER

ESSEN & TRINKEN

Die Speisekarte, bitte!	¡El menú, por favor!
teuer/billig/Preis	caro/barato/precio
Könnten Sie mir bitte … bringen?	¿Podría traerme … por favor?
Flasche/Karaffe/Glas	botella/jarra/vaso
Messer/Gabel/Löffel	cuchillo/tenedor/cuchara
Salz/Pfeffer/Zucker	sal/pimienta/azúcar
Essig/Öl/Milch/Zitrone	vinagre/aceite/leche/limón
kalt/versalzen/nicht gar	frío/demasiado salado/sin hacer
mit/ohne Eis/Kohlensäure	con/sin hielo/gas
Vegetarier/Vegetarierin/Allergie	vegetariano/vegetariana/alergía
Ich möchte zahlen, bitte.	Querría pagar, por favor.
Rechnung/Quittung/Trinkgeld	cuenta/recibo/propina

NÜTZLICHES

Wo ist …? /Wo sind …?	¿Dónde está …? /¿Dónde están …?
Wie viel Uhr ist es?	¿Qué hora es?
heute/morgen/gestern	hoy/mañana/ayer
Wie viel kostet …?	¿Cuánto cuesta …?
Wo finde ich einen Internetzugang/WLAN?	¿Dónde encuentro un acceso a internet/wifi?
Hilfe!/Achtung!/Vorsicht!	¡Socorro!/¡Atención!/¡Cuidado!
Apotheke/Drogerie	farmacia/droguería
kaputt/funktioniert nicht	roto/no funciona
Panne/Werkstatt	avería/taller
Darf ich hier fotografieren?	¿Podría fotografiar aquí?
offen/geschlossen/Öffnungszeiten	abierto/cerrado/horario
Eingang/Ausgang	entrada/salida
Toiletten (Damen/Herren)	aseos (señoras/caballeros)
(kein) Trinkwasser	agua (no) potable
Frühstück/Halbpension/Vollpension	desayuno/media pensión/pensión completa
Parkplatz/Parkhaus	parking/garaje
Ich möchte … mieten.	Querría alquilar …
ein Auto/ein Fahrrad/ein Boot	un coche/una bicicleta/un barco
0/1/2/3/4/5/6/7/8/9/10/100/1000	cero/un, uno, una/dos/tres/cuatro/cinco/seis/siete/ocho/nueve/diez/cien, ciento/mil

URLAUBS FEELING

ZUM EINSTIMMEN & AUSKLINGEN

LESESTOFF & FILMFUTTER

📖 ARCHIPEL (2018)

Deutscher Buchpreis! Inger-Maria Mahlke erzählt packend ein Jahrhundert auf Teneriffa – eine Familiensaga vom Spanischen Bürgerkrieg bis zur Gegenwart. Auch toll als Hörbuch!

📖 DAS DRACHENBAUMAMULETT / TÖDLICHE GIER / MORD NACH MISSBRAUCH / DIE TEUFELS-SEKTE (2010–12)

In seiner Krimi-Serie lässt Volker Himmelseher Inspektor Martín und Dr. Zafón Mordfälle auf Teneriffa lösen – Schauplätze sind Souvenirhandel, Immobilien- und Sektenmilieu.

🎥 ZORN DER TITANEN (2012)

Wenn man's nicht wüsste, käme man nicht drauf: Weite Teile des Fantasy-Blockbusters mit Liam Neeson und Ralph Fiennes in den Hauptrollen wurden im Teide-Nationalpark gedreht.

📖 SPANISCH FÜR DIE KANA-RISCHEN INSELN (2017)

Hättest du gedacht, dass *naife* „Messer" heißt? Die Kanarier sprechen anders als die Festlandspanier – das Buch von Izabella Gawin und Dieter Schulze stellt die Besonderheiten vor. Nebenbei erfährst du einiges über die Mentalität der Insulaner. Auch als Audio-CD.

PLAYLIST QUERBEET

0:58

**LOS SABANDEÑOS –
CANTATA DEL MENCEY LOCO**
Die traditionsreiche Folk-Band singt schwermütig vom „verrückten Guanchen-Herrscher"

▶ **GUERRILLA URBANA –
CANARIAS ES UNA ESTAFA**
„Die Kanaren – ein einziger großer Betrug": Lieblingsthema der legendären Punk-Rock-Band aus La Laguna

▶ **ADEXE & NAU –
YO QUIERO VIVIR**
Die Teneriffa-Teenager haben mit Reggaeton Millionen Youtube-Fans

▶ **ARISTIDES MORENO
– EL CAMBUYÓN**
Der kanarische Liedermacher greift auf freche Art soziale Probleme auf

▶ **PEDRO GUERRA –
CONTAMINAME**
Singer-Songwriter mit poetischen Texten und unprätentiösem Vortrag

Den Soundtrack zum Urlaub gibt's auf **Spotify** unter **MARCO POLO** Canaries

Oder Code mit Spotify-App scannen

AB INS NETZ

ILOVE ARONA 2.0
Die attraktive App präsentiert den Inselsüden – und es geht auch aufs Meer zur Walbeobachtung

BOTANIST TENERIFFA
Teneriffas Pflanzen sicher bestimmen – die Wander-Guides von Isla Activa machen's mit dieser App möglich (nur für iPhone, 9,99€)

RUTASTENERIFERURAL.COM
16 thematische Routen auf der Insel – mit Karte verlinkt und Videos als Appetizer

ELCORAZONDETENERIFE.COM
„Teneriffas Herz" heißt die Website mit Gratis-App, die die Inselhauptstadt samt Anaga-Gebirge ins beste Licht rückt

STAR WALK
Der Nachthimmel über Teneriffa ist in den Bergen sternenklar. Eingebaute Sensoren dieser App ermitteln deine Blickrichtung und erläutern die Sterne über dir!

TRAVEL PURSUIT

DAS MARCO POLO URLAUBSQUIZ

Weißt du, wie Teneriffa tickt? Teste hier dein Wissen über die kleinen Geheimnisse und Eigenheiten von Land und Leuten. Die Lösungen findest du in der Fußzeile. Und ganz ausführlich auf den S. 18–23.

❶ Woher kamen einst die Ureinwohner, die Teneriffa besiedelten?
a) Aus Europa
b) Aus Amerika
c) Aus Afrika

❷ Was bedeutet der Name „Guanche"?
a) Wir, die wir von weit her kamen
b) Töchter Teneriffas
c) Söhne Teneriffas

❸ Das größte jährliche Fest auf der Insel findet statt …?
a) zu Ehren Marias
b) zu Ehren des Fleisches
c) zu Ehren des Königs

❹ Was ist mit dem kanarischen Drachen *(drago)* gemeint?
a) eine Pflanze
b) ein Tier
c) ein Maskottchen

❺ Wer waren die „Neveros"?
a) Nervenheiler
b) Die neun Söhne des Guanchenkönigs
c) Eisverkäufer

❻ Wann brach zuletzt ein Vulkan auf der Insel aus?
a) 1909
b) 3000 v. Chr.
c) 1492

Teneriffas verehrte Jungfrau in Candelarias Prachtkirche

❼ Wie heißt Teneriffas gekrönte Königin?
a) Reina Letizia
b) Reina Sofía
c) Virgen de Candelaria

❽ Worum geht es beim kanarischen Ringkampf?
a) den Gegner im Schwitzkasten zu bezwingen
b) den Gegner mit Geschicklichkeit und möglichst ohne Gewalt zu Boden zwingen
c) den Gegner k. o. zu setzen mit allen Mitteln

❾ Woher stammt das meiste Süßwasser auf der Insel?
a) es wird mit Schiffen vom Festland herangebracht
b) es wird aus dem Meerwasser gewonnen
c) es wird mittels geheimer Technologien aus den Wolken gezogen

❿ Wie weit liegt das europäische Festland (d. h. Spaniens südlichste Spitze) von Teneriffa entfernt?
a) Mehr als 1000 km
b) Zwischen 500 und 1000 km
c) Weniger als 500 km

⓫ Wie hoch ist der Teide, Spaniens höchster Berg?
a) 3718 m
b) 2001 m
c) 1500 m

⓬ Was versteht man unter „Wildprets Natternkopf"?
a) das Haupt einer Schlange
b) eine Pflanze mit meterlangem Blütenstand
c) ein hochprozentiger Cocktail

REGISTER

LOB ODER KRITIK? WIR FREUEN UNS AUF DEINE NACHRICHT!

Trotz gründlicher Recherche schleichen sich manchmal Fehler ein. Wir hoffen, du hast Verständnis, dass der Verlag dafür keine Haftung übernehmen kann.

**MARCO POLO Redaktion • MAIRDUMONT • Postfach 31 51
73751 Ostfildern • info@marcopolo.de**

Impressum

Titelbild: Puerto de la Cruz, La Ranilla (AWL Images: N. Farrin)

Fotos: DuMont Bildarchiv: G. Hänel (139), M. Sasse (83); R. Freyer (52/53, 84/85); I. Gawin (92, 151); Getty Images/EyeEm: Korpics-Lukcs (105); R. Hackenberg (81); huber-images: A. Armellin (94/95), C. Dörr (20), O. Fantuz (113, 129), Mirau (62/63), A. Piai (30/31, 136/137), R. Schmid (6/7, 24/25, 26/27, 38/39, 46, 49, 57, 60, 75, 106, 109, 111, 124), F. Vallenari (66/67), R. Wittek (120/121), J. Wlodarczyk (2/3, 98/99); Laif: M. Gumm (73, 103), M. Sasse (8, 96, 115), Tophoven (58); Look: H. Erber (32/33), B. Merz (12/13, 86/87, 91); Look/age fotostock (Klappe hinten, 35); mauritius images/age fotostock (55, 79); mauritius images/AGF (148/149); mauritius images/Alamy: (9, 11, 14/15, 22, 45, 51, 116, 127), A. Polo (27); mauritius images/CuboImages (76/77); mauritius images/imagebroker (Klappe vorne außen, Klappe vorne innen/1, 10, 118/119); vario images/Chromorange: W. G. Allgoewer (64); White Star: M. Gumm (28, 31, 146/147); E. Wrba (18)

20. Auflage 2020, komplett überarbeitet und neu gestaltet

© MAIRDUMONT GmbH & Co. KG, Ostfildern

Autoren: Izabella Gawin, Sven Weniger

Redaktion: Christin Ullmann

Bildredaktion: Anja Schlatterer

Kartografie: © MAIRDUMONT, Ostfildern (S. 36–37, 122, 126, 130, 135, Umschlag außen, Faltkarte); Kompass Karten GmbH, A-Innsbruck © MAIRDUMONT, Ostfildern (S. 132); © MAIRDUMONT, Ostfildern, unter Verwendung von Kartendaten von OpenStreetMap, Lizenz CC-BY-SA 2.0 (S. 36–37, 42–43, 68–69, 70, 88–89, 100–101, 104, 108)

Als touristischer Verlag stellen wir bei den Karten nur den De-facto-Stand dar. Dieser kann von der völkerrechtlichen Lage abweichen und ist völlig wertungsfrei.

Gestaltung Cover, Umschlag und Faltkartencover: bilekjaeger_Kreativagentur mit Zukunftswerkstatt, Stuttgart; Gestaltung Innenlayout: Langenstein Communication GmbH, Ludwigsburg

Spickzettel: in Zusammenarbeit mit PONS GmbH, Stuttgart

Texte hintere Umschlagklappe: Lucia Rojas; Konzept Coverlines: Jutta Metzler, bessere-texte.de

Printed in China

MARCO POLO AUTORIN
IZABELLA GAWIN

Eigentlich wollte sie nur einen Winter auf den Kanaren verbringen. Doch im südlichen Licht fühlte sie sich so wohl, dass sie bald jedes Jahr wiederkehrte – adieu Schmuddelwetter, adieu Tristesse! Und da es sich im Süden nicht nur leichter leben, sondern auch arbeiten lässt, schrieb sie zu den Kanaren ihre Examens- und Doktorarbeit sowie zahlreiche Reise- und Wanderbücher.

BLOSS NICHT!

FETTNÄPFCHEN UND REINFÄLLE VERMEIDEN

BEI ROTER FLAGGE INS WASSER GEHEN

Die Meeresströmung wird gern unter- und die eigene Kraft überschätzt. Die rote Fahne am Strand heißt, du solltest auf keinen Fall ins Wasser gehen, bei Gelb mit Vorsicht, bei Grün kannst du dich in die Fluten stürzen.

VERSTOPFUNG VERURSACHEN

In vielen stillen Örtchen ist die Aufforderung zu lesen, kein Papier in die Toilette zu werfen. Rohre in älteren kanarischen Häusern sind eng und verstopfen leicht. Darum: benutztes Papier in den Eimer

PFLANZEN MITNEHMEN

Drachenwurz-Rosetten und Mini-Drachenbäume: Manch einer buddelt sie mit Stumpf und Stiel aus, um sie auf den heimischen Balkon zu verpflanzen. Kanarische Pflanzen stehen unter besonderem Schutz, ihre Ausfuhr ist nicht erlaubt. Besser im Blumenladen (*jardinería*) ein Tütchen Samen kaufen – das lässt sich leichter transportieren.

SICH ABZOCKEN LASSEN

Brot gehört in Spanien zu jedem Essen. Früher war das umsonst. Heute wird es kommentarlos auch ohne Bestellung serviert … und nach dem Essen wird kassiert. Frag besser vorher, ob es *a cuenta casa* (auf Kosten des Hauses)

MIT FLIPFLOPS IN DIE BERGE GEHEN

Oft starten Urlauber in Sommerkleidung an der Küste, um wenig später von der Kälte überrascht zu werden. Faustregel: Je 100 Höhenmeter sinkt die Temperatur um 1 Grad. Da sind eine warme Jacke und geschlossene Schuhe angesagt!